CW00665179

Learn Zulu Today

For
my husband and sons

**Kumyeni wami
namadodana ami
uLindile noNono**

**IT IS ILLEGAL TO PHOTOCOPY ANY PAGES FROM THIS BOOK WITHOUT
THE WRITTEN PERMISSION OF THE COPYRIGHT HOLDER**

Shuter & Shooter Publishers (Pty) Ltd
21C Cascades Crescent, Pietermaritzburg 3201
PO Box 13016, Cascades 3202
http://www.shuters.com

Copyright © Shuter & Shooter Publishers (Pty) Ltd 1996

First edition 1996
Second impression 2008

ISBN 978 07960 00998 2

All rights reserved. No part of this publication may be reproduced, stored in or introduced into a retrieval system, or transmitted, in any form or by any means, electronic, mechanical, photocopying, recording or otherwise, without prior written permission from the publisher. Any person who commits any unauthorized act in relation to this publication may be liable to criminal prosecution and civil claims for damages.

Cover design by McManus Bros
Layout and design by Charlene Bate

Printed by Intrepid Printers (Pty) Ltd, Pietermaritzburg, KwaZulu-Natal
6895

Learn Zulu Today

Anne Munnik

Vivienne Roos

Illustrations by
Tony Grogan

Shuter & Shooter

PIETERMARITZBURG • CAPE TOWN • RANDBURG

PREFACE

When Nelson Mandela became South Africa's first democratically elected president on 10 May 1994, he urged the people of South Africa to learn each other's languages. This, he said, would be "the best way to contribute to nation building and reconciliation".

It is never too late to learn!

It is not only a sign of respect to learn another's language, but it can also be a rewarding experience, opening up a whole new world.

Zulu is not easy to learn. It is totally different from the structure of European languages and there is no fundamental connection in the vocabulary as between English and Afrikaans. This book is a simple intro-duction to the Zulu language, with intermittent snippets of information about the people and their culture.

The content of the book is manageable, allowing you to work through the exercises at your own pace, with or without assistance.

It goes without saying that progress is directly related to effort! To those who are about to embark on this learning adventure ... qhubekelani phambili bafundi!

Anne Munnik
October 1996

THE AUTHOR TEAM

Anne Munnik grew up on a farm in the Eastern Cape where she learnt to speak Xhosa as a child. She later studied Xhosa at U.C.T. and pioneered the first Senior Certificate in Cape Town in 1978. For the past twelve years Anne has been running Xhosa classes for the major business houses in Cape Town. Her exceptional presentation skills and infectious love of the language have inspired her students.

Vivienne Roos studied Zulu at Wits and taught adult classes in Johannesburg. She later studied Xhosa at U.C.T. Having come across *Learn Xhosa with Anne Munnik*, with its clear and logical presentation, she offered to translate it into Zulu.

Tony Grogan is the resident cartoonist of the Cape Times in Cape Town and is the author and illustrator of numerous books. He studied Xhosa with Anne Munnik for four years.

ACKNOWLEDGEMENTS

The author and publishers wish to acknowledge, with thanks, permission given to use the material cited below.

Ravan Press, extract from *The House of Phalo* by J B Peires.

Doctor Russell Kaschula, extract from his article entitled *Power and the Poet in Contemporary Transkei.*

William Heinemann, extract from *The Mind of South Africa* by Allister Sparks.

Professor Tim Couzens, extract from an article on 'Nkosi Sikelel' iAfrika' printed in the *Sunday Times* 13/10/94.

INTRODUCTION

DISTRIBUTION AND WRITTEN FORM OF THE ZULU LANGUAGE

The African languages of South Africa can be divided into two main groups: The **NGUNI** languages and the **SOTHO** languages.

Zulu belongs to the **Nguni** group of languages which includes Xhosa, Swati and Ndebele. It is the main African language spoken in KwaZulu-Natal, the Eastern Orange Free State and South and South Eastern Transvaal, but is also spoken and understood in other parts of the country.

Zulu and Xhosa are the most widely spoken languages in South Africa.

Zulu was a spoken language only, rich in oral tradition. Attempts to render the language in **written** form were begun in the mid 19th Century for missionary and schooling purposes in KwaZulu-Natal.

There are 11 official languages in South Africa; 9 African languages, English and Afrikaans.

The nine official African languages are

Zulu	
Xhosa	
Ndebele	Nguni languages
Swati	
Tswana	
N. Sotho (Pedi)	Sotho languages
Sotho	
Tsonga (Shangaan)	Nguni related
Venda	

VOCABULARY

In this book, words are grouped into three categories:

Nouns
Verbs
General (all words other than nouns and verbs)

New vocabulary is given at the end of each chapter. Turn to the vocabulary and familiarise yourself with the new words, before starting the chapter.

NOUNS

All nouns in Zulu are divided into **15 classes** or **groups,** according to the prefix.

umfundi (student)   **Class 1**
abafundi (students)   **Class 2**

The **prefix** gives the noun its class.   **um-** (Class 1)
The **stem** gives the noun its meaning.   **-fundi** (student)

The noun dominates the sentence, and other words in the sentence must agree with the noun. Thus there is a **linking** of words. It is very important to know these classes or groups – the sooner the better.

Note the following Zulu nouns which have become part of South African English.

He is a **fundi** on birds. (an expert)
The lamb fell into a **donga.** (a gully)
That's his **indaba.** (matter, affair)

Noun classes will only be indicated in the book once those classes have been dealt with.

VERBS

All verbs are introduced in their basic form – the infinitive.

ukuhamba   **to** go

This form always ends in **-a.** (There are only three exceptions)

It is the **stem** of the verb which gives the meaning: **-hamba** (go)

In Zulu, small segments of language are attached to the verb which alter the meaning of the basic form.

Ngi**sa**funda   I am **still** studying
Ngi**nga**hamba?   **May** I go?

Notice that these sentences consist of one word in Zulu and several in English.

GENERAL

This category contains all the words other than nouns and verbs.

NB:

In order to find a noun or verb in the **dictionary,** look under the **stem** of the word.

Nouns: umu**ntu**   (person) ⎱
            aba**ntu**   (people) ⎰ Look under **-ntu**

Verbs: uku**hamba**   (to **go**)   Look under **-hamba**
            ukw**enza**   (to **do**)   Look under **-enza**

General: **s**awubona   (hullo) ⎱
            yebo   (yes)   ⎰ Listed under the first letter
            cha   (no)   ⎰

A limited vocabulary is given in this book. Try to expand it whenever possible.

GRAMMAR

Unless Zulu is learnt naturally among Zulu speakers, the learning of fundamental grammar is essential. Without it, one cannot understand the structure of the language, which is totally different from English and Afrikaans. Although complex, the grammar is logical and ordered.

As this is an **introduction** to Zulu, only the basic grammatical constructions are dealt with. Exceptions are kept to a minimum.

A FEW POINTERS TO THE STUDENT

- Try not to run before you can walk! Be patient, as you gradually acquire more vocabulary and skills.

- Concentrate on quality and not quantity to begin with. Rather know how to say a few basic pleasantries than attempt too much and be unsure of yourself.

- Remember to **listen** to the speaker. A great deal can be learnt this way.

- Avoid translating directly from English or Afrikaans into Zulu. Rather try to get a feel for the language.

- Work consistently, especially in the beginning, to build a solid foundation. Learn the vocabulary well and try to use your Zulu at every opportunity. The greater the effort, the greater the reward!

PRONUNCIATION

VOWELS

It is important to get the correct vowel sounds in Zulu from the start. Listed below is an example of each sound for you to learn.

a	as in	ah	abantu	(people)
e	as in	egg	vela	(appear)
i	as in	ink	intombi	(young woman)
o	as in	or	izolo	(yesterday)
u	as in	oomph	umuntu	(a person)

CLICKS

There are three basic clicks in Zulu.

c	The sound made to express pity (tut tut).	Tongue in the **front**.
q	The sound made by a cork popping.	Tongue in the **middle**.
x	The sound made to get a horse to go faster.	**Sideways** click.

Examples

icici	(earring)	-cabanga	(think)	-cela	(ask for)
iqanda	(egg)	iqaqa	(skunk)	-qala	(begin)
ixoxo	(time)	uxolo	(peace)	-xoxa	(discuss)

Note

i) The three basic clicks are sufficient to begin with. However, there are variations.

ii) The **q** is not followed by a 'u' as in English.

iii) Do not avoid the clicks! Learn one example of each and practise them until you feel confident. Make a point of pronouncing every click you come across properly.

Try the following sentence which makes good use of the **x** click.

"Ixoxo liyagxumagxuma!"   The bullfrog is jumping!

CONSONANTS

Basically, Zulu is a phonetic language, that is, the letters correspond to the sounds.

-hamba	(go)
indoda	(man)
manje	(now)

SOME CONSONANTS ARE ASPIRATED (CONSONANT + H)

-bhala	(write)	cf	-**b**ala	(count)
-khaba	(kick)	cf	i**k**ati	(cat)
-pheka	(cook)	cf	i**p**iki	(a pickaxe)
-thatha	(take)	cf	i**t**afula	(a table)

Note

i)   **-ph**ila (be well, alive): The **ph** is not pronounced as **f**!

ii) isi**f**o   (disease)   :   **f** sound
     isi**ph**o (gift)   :   **p** sound (aspirated)

It would clearly be unwise to confuse the above!

Sipho is a popular masculine name, meaning **gift**. The feminine is **Nosipho**.

COMBINATION OF CONSONANTS (AS IN ENGLISH)

ng	as in	li**ng**er	i**ng**we	(a leopard)
ny	as in	Ke**ny**a	i**ny**ama	(meat)
ts	as in	i**ts**	u**ts**otsi	(crook)
tsh	as in	**ch**eese	isi**tsh**a	(dish)

COMBINATION OF CONSONANTS (NOT FOUND IN ENGLISH)

dl	-**dl**ala	(play)
hl	-**hl**ala	(sit, reside, live)
ndl	i**ndl**u	(house)
nhl	i**nhl**anzi	(fish)

Note

i) There is no **s** in front of **hl**!

kahle   (well)
hlala phansi   (sit down)
Umh**l**anga Rocks
Hlu**hl**uwe Game Reserve

ii) Notice the difference between:

s	(soft)	inko**s**i	(God, chief, King)
z	(hard)	ingo**z**i	(danger)

Three final points

i) The accent in Zulu is generally on the penultimate syllable of the word, that is, **the second last sound.**

uma**ma**	(mother)
-se**be**nza	(work)
-**the**tha	(scold)

Thus, if the word has only two syllables or sounds, the accent is on the first.

inja	(dog)
yebo	(yes)
woza	(come)

ii)   In Zulu two vowels do not normally stand together. If two vowels do come together in the formation of a word, then certain changes take place.

iii) When speaking, words are often shortened or run together:

umfana	→	umfan'	(boy)
kulungile	→	'lungil'	(it is right/good)
sanibonani	→	san' bonan'	(hello to more than one person)
izitshudeni	→	iz' tshudeni	(students)

CONTENTS

SECTION 1 GREETINGS

Sawubona	used to greet one person
Sanibona/Sanibonani	used to greet more than one person

Sawubona/Sanibonani (hullo) may be used as a greeting at any time of the day or night. Remember that the accent is on the second last syllable.

Thus   Sawu**bo**na!

  Sanibo**na**ni/Sani**bo**na!

SINGULAR GREETINGS

Sawubona Themba!	Hullo Themba
Sawubona Nomusa!	Hullo Nomusa
Sawubona baba!	Hullo father
Sawubona mama!	Hullo mother
Sawubona mntwana!	Hullo child

PLURAL GREETINGS

Sanibonani Themba!	Hullo Themba and others
Sanibonani Nomusa!	Hullo Nomusa and others
Sanibonani baba!	Hullo father and others
Sanibonani mama!	Hullo mother and others
Sanibonani bantwana!	Hullo children

FORMS OF ADDRESS

Greetings in Zulu depend largely on age and familiarity.

Younger people are expected to show respect to older people and should address them accordingly. Someone roughly the same age as one's mother is addressed as **mama**, likewise with **baba**. A much older person would be addressed as **gogo** or **babamkhulu. Sisi** and **bhuti** are generally used for people of one's own age or older, but sometimes even for a young girl and boy.

Older people address young people as their children or grandchildren.

Family life is very important in the Zulu community. Terms expressing family relationships are thus significant. There are different words for **my** father, **your** father and **his/her** father. This applies to mother, grandfather and grandmother. The other kinship terms are also rich in variation.

SECTION 2 NOUN CLASSES 1 & 2 AND 1A & 2A

Zulu nouns are divided into several groups or classes according to the prefix.

Nouns consist of 2 parts: **prefix + stem**

Class 1	**um-**	+	-fundi	**um**fundi	(student)
Class 2	**aba-**	+	-fundi	**aba**fundi	(students)

Note

The **prefix** indicates the **class** of the noun.
The **stem** gives the **meaning** of the noun.

CLASSES 1 & 2

People only

Prefixes: um-/umu- & aba-

Class 1 (Singular)	**Class 2** (Plural)	
umfundi	**aba**fundi	student
umuntu	**aba**ntu	person
umntwana	**aba**ntwana	child
umfazi	**aba**fazi	woman
umfana	**aba**fana	boy
umngane	**aba**ngane	friend
umfowethu	**aba**fowethu	brothers

umfundi

The prefix **umu-** occurs only with monosyllabic noun stems i.e. stems of **one syllable.**

CLASSES 1A & 2A

Personal names
Family relations
Certain special nouns

Prefixes: u- & o-

Class 1 (singular)	**Class 2** (plural)	
uThemba	**o**Themba	Themba (male)
uNomusa	**o**Nomusa	Nomusa (female)
ubaba	**o**baba	father
umama	**o**mama	mother
ubabamkhulu	**o**babamkhulu	grandfather
ugogo	**o**gogo	grandmother

umfazi

ubhuti	**o**bhuti	brother
usisi	**o**sisi	sister
udadewethu	**o**dadewethu	sister
udokotela	**o**dokotela	doctor
uNkulunkulu	**o**Nkulunkulu	God

ubabamkhulu

— udokotela

Note

i) The initial vowel of the noun is always dropped when addressing someone directly, as in a greeting.

uThemba   Sawubona Themba
oThemba   Sanibonani Themba

ii) **Sanibonani** indicates that one is greeting, for example, Themba and at least one other. One normally addresses the most senior person in the group, the person best known to one, or the person to whom one is most attached.

iii) The Class 2a prefix **o** is pronounced as in the English **sore. Obhuti**, for example, can mean either brothers or brother and others.

iv) It is impolite to address a woman as **mfazi**.

EXERCISE 1

Translate

1. Sawubona mntwana!
2. Sanibonani bantwana!
3. Sawubona mfundi!
4. Sanibonani bafundi!
5. Sawubona Nomusa!
6. Sawubona gogo!
7. Sawubona babamkhulu!
8. Sawubona mfana!
9. Sanibonani bafana!
10. Sawubona dokotela!

MORE FORMAL GREETINGS

In a more formal situation, the following may be used in greetings.

Classes 1 & 2	**um**numzane	**aba**numzane	a gentleman
–	**in**kosikazi	**ama**khosikazi	a lady
–	**in**kosazana	**ama**khosazana	miss

EXERCISE 2

Translate

1. Sawubona baba!
2. Sanibonani mama!
3. Sawubona bhuti!
4. Sawubona sisi!
5. Sanibonani bafundi!
6. Sawubona mnumzane!
7. Sawubona nkosikazi!
8. Sawubona nkosazana!
9. Sanibonani banumzane!
10. Sanibonani makhosikazi!

Note

i) Umnumzane, inkosikazi and inkosazana correspond well to the Afrikaans meneer, mevrou and mejuffrou. Thus

Sawubona mnumzane!	when greeting a man
Sanibonani banumzane!	when greeting more than one man
Sawubona nkosikazi!	when greeting a woman
Sanibonani makhosikazi!	when greeting more than one woman
Sawubona nkosazana!	Hullo miss
Sanibonani makhosazana!	Hullo misses

Learn these few greetings well.

ii) Notice how words are often contracted when spoken. **Inkosikazi** can sound like **koskas!**

SAYING GOODBYE

There is in fact no word for 'goodbye'. The expressions 'go well' and 'stay well' are used.

Singular (when speaking to one person only)
Hamba kahle!   Go well
Sala kahle!   Stay well

Plural (when speaking to more than one person)
Hamba**ni** kahle!   Go well
Sala**ni** kahle!   Stay well

EXERCISE 3

Say 'goodbye' to the following people who are

leaving
1.   Go well Themba
2.   Go well 'lady'
3.   Go well 'mister'
4.   Go well children
5.   Go well Nomusa
      and friends

staying
1.   Stay well mother
2.   Stay well brother
3.   Stay well father
      and family
4.   Stay well ladies
5.   Stay well gentlemen

Hamba Kahle

Sala Kahle

EXERCISE 4

Greet the following people in Zulu

1.   Someone your mother's age
2.   Someone your father's age
3.   A child
4.   A group of children
5.   A lady/woman
6.   A group of ladies/women
7.   A man
8.   A group of men
9.   Nomusa (who is leaving)
10.   Themba and friends (who are staying)

Kunjani   Kulungile

INGXOXO • CONVERSATION

'*Kunjani?*' *(How are things?)*

Practise this little conversation.

UThemba:	Sawubona sisi!
UNomusa:	Yebo, sawubona bhuti!
UThemba:	**Kunjani**?
UNomusa:	**Kulungile**. Wena unjani?
UThemba:	Kulungile
UNomusa:	Hamba kahle
UThemba:	Sala kahle

AMAGAMA • VOCABULARY

NOUNS

Classes

1 & 2	**um**fundi	student
	umuntu	person
	umntwana	child
	umfazi	woman
	umfana	boy
	umnumzane	gentleman
	umfowethu	brother
1a &	**u**Themba	Themba (m)
2a	**u**Nomusa	Nomusa (f)
	ubaba	father
	umama	mother
	ugogo	grandmother
	ubabamkhulu	grandfather
	ubhuti	brother
	usisi	sister
	udadewethu	sister
	uNkulunkulu	God
	udokotela	doctor
–	**i**nkosikazi	lady
–	**i**nkosazana	miss
–	**i**ngxoxo	a conversation
–	**ama**gama	vocabulary/words/names

VERBS

-hamba	go, walk, travel
-sala	stay, remain

GENERAL

Sawubona/	Hullo (singular
Sanibonani	& plural)
kahle	well
kunjani?	How **is it**
kulungile	**It is** fine
wena	as for you/you
unjani?	How are you?
yebo	yes

SECTION 1 VERBS

Study the following verbs

-bona	see
-funa	want, look for
-funda	study, learn, read
-khuluma	talk, speak
-thanda	like, love

Note

i)   Verbs are listed under their stems.

ii)   Verb stems end in -a.

iii)   The basic form of the verb is in the infinitive.

ukufunda   **to** study or study**ing**

SECTION 2 PRONOUNS (SINGULAR)

ngi-   I

u-   you

These are not separate words which can stand on their own, as in English. They are always attached to the verb. They are the equivalent of the English pronoun.

Ngibona uNomusa	**I** see Nomusa
Ngifunda isiZulu	**I** study Zulu
Ukhuluma kahle	**You** speak well
Uthanda ukufunda	**You** like studying

THE PRESENT TENSE

In English there are several ways of expressing the present tense. This is not the case in Zulu. Right from the start, aim towards developing a feel for the language, instead of trying to translate literally.

Ngifunda isiZulu	I study Zulu
	I do study Zulu
	I am studying Zulu

Study the following examples

Ngi**ya**bona	I see
Ngibona uNomusa	I see Nomusa
Ngi**ya**funda	I am studying
Ngifunda isiZulu	I study Zulu
U**ya**khuluma	You are speaking
Ukhuluma isiNgisi	You speak English

In the above sentences it is clear that **-ya-** is placed before the verb stem if there is no word following the verb. **-ya-** has no meaning and occurs only in the present tense positive. It is a peculiarity of the language for which there is no English equivalent.

EXERCISE 1

Translate into English

1. Ngiyahamba
2. Uyasala
3. Ngifuna ukuhamba
4. Ufuna ukusala
5. Ngithanda uNomusa
6. Uyafunda
7. Ngiyabona
8. Ukhuluma isiBhunu
9. Ngifuna udokotela
10. Ngithanda ukufunda isiZulu

EXERCISE 2

Translate into Zulu

1. I am studying
2. I am studying Zulu
3. I like to speak Zulu
4. You are going
5. You want to go

PRONOUNS (PLURAL)

si-   we
ni-   you

As with **ngi-** and **u-**, **si-** and **ni-** are always attached to the verb.

Siyafunda   **We** are learning
Sifunda isiZulu   **We** are learning Zulu
Niyakhuluma   **You** are talking
Nikhuluma isiNgisi   **You** are talking English

EXERCISE 3

Translate into Zulu

1. I am looking for a doctor
2. We need water
3. You (sg) like tea
4. You (pl) like coffee
5. We are going

6. I am well/ in good health
7. We are well/in good health
8. I am learning to speak Zulu
9. We are learning to speak Zulu
10. You speak well (sg & pl)

Note

Kahle   well, nicely
-phila   be well or in good health

INGXOXO • CONVERSATION

'Sanibonani bantwana'
(Hullo children)

Umama: Sanibonani bantwana!
Abantwana: Sawubona mama!
Umama: **Ni**njani?
Abantwana: **Si**yaphila. Wena
            unjani?
Umama: Ngiyaphila.
Abantwana: Sala kahle mama!
Umama: Hambani kahle
            bantwana!

ICULO • SONG

Siyanibulisa	We are greeting you
Siyanibulisa	We are greeting you
Bambani isandla	Shake hands
Siyanibulisa	We are greeting you
Siyanibulisa	We are greeting you
Bambani isandla	Shake hands
Bhekani izandla zethu	Look at our hands

(Repeat three times)

Zimhlophe qwa	They are very clean
Tra la la la la la la	Tra la la la la la la
Bambani isandla	Shake hands

AMAGAMA • VOCABULARY

NOUNS

isiZulu	Zulu language
isiXhosa	Xhosa language
isiNgisi	English language
isiBhunu/ **isi**Afrikaans	Afrikaans language
amanzi	water
itiye	tea
ikhofi	coffee
iculo	song

VERBS

-bona	see
-funa	want, look for
-funda	read, learn, study
-khuluma	speak, talk
-thanda	like, love
-phila	be well, in good health

GENERAL

ngi-	I
u-	you (singular)
si-	we
ni-	you (plural)
uku-	to + verb stem
-njani?	how?
nonke	everyone/you all
-sa-	still

QUESTIONS

INGXOXO • CONVERSATION

"Usaphila?"

UJohn: Sawubona Sipho!
USipho: Yebo, sawubona John!
UJohn: **Usaphila**?
USipho: Yebo, **ngisaphila**. Wena unjani?
UJohn: Cha, ngiyaphila nami.
USipho: Uvelaphi?
UJohn: Ngivela ekhaya.
USipho: Manje uyaphi?
UJohn: Ngiya emsebenzini.
USipho: Uyasebenza namhlanje?
UJohn: Yebo, ngiyasebenza.
USipho: O... ngiyabona. Hamba kahle John!
UJohn: Sala kahle Sipho!

Note

i) **Cha**, ngisaphila   **No**, I am still fine
    Cha, ngikhona   **No**, I am well
    Cha, is often used this way.   (As with the Afrikaans **nee**, **goed**).

ii) Uya**sebenza** namhlanje?   Are you **working** today?
    The -ya- is retained here because the emphasis is on the verb and
    not on the word.
    Usebenza **namhlanje**?   Are you working **today**?
    Thus, if the word following the verb is not a noun, the -ya- may or
    may not be used, depending on the sense.

Amagama

wena	as for you	cha	no
nami	and me/me too	**ekhaya**	**from** home
manje	now		
-phi	question suffix meaning where		
e**msebenzini**	**to** work		
namhlanje	today		
yebo	yes		
-vela	come from		
-ya	go to		
-sebenza	work		
-khona	to be present/to be well		

ICULO • SONG

Thula thu' thula mntwana,	Hush, hush, hush child,
thula sana	hush child
Thul' umam' uzofika ekuseni	Hush, mother is coming in the morning
(Repeat)	
Kukh' inkanyezi eholel' ubaba	There is a star guiding Father
Imkhanyisel' indlel' eziy' ekhaya	lighting up the way home for him
(Repeat)	

INGXOXO • CONVERSATION

"Ungubani igama lakho?" (What is your name?)

UThemba: Sawubona sisi!

UNomusa: Sawubona bhuti!

UThemba: **Ungubani igama lakho?**

UNomusa: **Ngingu**Nomusa. Wena, ungubani igama lakho?

UThemba: **Ngingu**Themba.

UNomusa: **Ngiyajabula ukukwazi** Themba

UThemba: **Nami, ngiyajabula ukukwazi** Nomusa.

UNomusa: Uhlalaphi?

UThemba: Ngihlala eSoweto.
            Wena uhlalaphi?

UNomusa: Ngihlala eYeoville.

UThemba: Uyaphi manje?

UNomusa: Ngiya ekhaya.

UThemba: Hamba kahle
            Nomusa.

UNomusa: Sala kahle Themba.

Note

i)   Ungubani igama lakho?   What is your name?
     NginguJohn   My name is John/I am John

ii) Ngiyajabula uku**kw**azi   I am glad to know **you**/ I am
                                    pleased to meet **you**

     Nami ngiyajabula uku**kw**azi   **I too** am pleased to meet you

Amagama

igama **lakho**	**your** name	nami	I, too
e**S**oweto	**in** Soweto	e**Y**eoville	**in** Yeoville
manje	now	-jabula	be happy
-azi	know	-hlala	live/reside
-ya ekhaya	go home		

Compare: **-hlala** (live/stay)
              -sala (remain/stay behind)

After going through the chapter, try to learn these two conversations by heart. You will find that it is a great booster to have everyday situations like these at your fingertips.

QUESTIONS

As you may have noticed there are two types of questions in Zulu, those which contain a 'question word' or suffix and those which do not.

• QUESTIONS WHICH DO *NOT* CONTAIN A 'QUESTION WORD' OR SUFFIX

Uyaphila?	Are you well?
Uyahamba?	Are you leaving?
Ufuna itiye?	Do you want tea?
Niyafunda?	Are you (pl) studying?
Nifunda isiZulu?	Are you (pl) studying Zulu?

Note

i)   **Uyahamba**   You are going
     Uyahamba?   Are you going?

     The statement and the question look alike, except for the question mark. However, when speaking, the voice is raised for a question. Sometimes **'na'** is added to the end of a question to make the distinction quite clear. It has no meaning.

     Uyahamba **na?**   Are you going?

ii)   Uyafunda?   **Are** you studying/**Do** you study?

iii) To this type of question (one without a 'question word or suffix) one answers **yes** or **no.**

     Uyafunda?   **Yebo**, ngiyafunda
                       Cha, ngiyasebenza

NB: At this stage, one can only answer 'no' in the above way!

EXERCISE 1

Complete the answers to the following questions

1. Uyasebenza?   Yebo ....
2. Uyahamba?   Cha ....
3. Ufunda isiZulu? Yebo ....
4. Nifuna itiye?   Cha ....
5. Niyaphila?   Yebo ....

Note

i)   The verb **-phila** means **live, be alive** but has the general meaning of **being in good health**. There are many ways of asking after someone's health.

Uyaphila?   Are you well?
Uphila kahle?   Are you (living) well?
Uphilile? is another version.

ii) -**ya**- and -**sa**- are never used together.

EXERCISE 2

Translate the following questions and answers into Zulu

1. Do you understand?   Yes, I understand
2. Do you live at home?   Yes, I live at home
3. Do you (pl) want water?   Yes, we want water
4. Are you sick?   Yes, I am sick
5. Are you working?   No, I am still studying
6. Are you (pl) going home **today?** Yes, we are going home today
7. Are you well?   No, I am sick
8. Are you (pl) **going** now?   Yes, we are going now
9. Are you glad?   Yes, I am glad
10. Do you speak Zulu?   Yes, I speak a little

Yebo, Kancane

Ukhuluma isiZulu?

• Questions which *do* contain a 'question word' or suffix

Unjani?	**How** are you?
Uvela**phi**?	**Where** do you come from?
Ufun**ani**?	**What** do you want?
Ufuna **bani**?	**Whom** do you want?
Uhamba **nini**?	**When** are you going?

Note

i) The 'question word or suffix' comes **after** the verb.

ii) **-ya-** is **never** used in a sentence with a question word or suffix.

iii) One cannot answer **yes** or **no** to this type of question.

QUESTION WORDS		QUESTION SUFFIX	
bani?	who?	phi?	where?
nini?	when?	-ni?	what?
		-njani?	how?

Learn these well!

EXERCISE 3

Answer the following questions in Zulu

1. Unjani?
2. Uvelaphi?
3. Ufunani?
4. Ufuna bani?
5. Uhamba nini?
6. Ninjani?
7. Niyaphi?
8. Nifundani?
9. Nibona bani?
10. Nihamba nini?

Note

i) There are a number of ways of expressing **why**:
   * **Yini?**
   * **Kungani?/Ngoba?**

At this stage merely recognize them and use them on their own to ask 'why'.

EXERCISE 4

Fill in the correct question word

1. Ufunda ....? Ngifunda isiZulu.
2. Nivela ....? Sivela eNatali.
3. Ufuna.......................? Ngifuna uThandi.
4. Ni.............................? Siyaphila.
5. Ubona ....? Ngibona imoto.
6. Uya ....? Ngiya eGoli.
7. Ubona ....? Ngibona abantwana.
8. Nifuna......................? Sifuna umsebenzi.
9. Bahamba................? Bahamba namhlanje.
10. Uhamba..................? Ngihamba manje.

Note

i) **-vela** (come from) has two meanings: Uvelaphi?
   - Where do you come (hail) from? (eThekwini) (Durban)
   - Where have you just come from? (ekhaya) (home)

ii) **-hlala** (live, stay, sit) has two meanings:
   - Ngihlala eSoweto   I live/stay in Soweto
   - Ufuna ukuhlala?   Do you want to sit?

iii) -hamba   go/walk/travel (no destination mentioned)
   -ya   go TO ...   (always a destination mentioned)
   -goduka   return home   (to travel to one's home of origin)

NB: There is no connection between -ya- (as in ngiyafunda) and the verb uku**ya** – to **go to** ... .

Various ways of asking (How are you?) (Using njani?)

Kunjani?   How is **it**?
Unjani?   How are **you**?
Ninjani?   How are **you**?

Replies to this question are varied:

Kulungile	It is good/alright
Ngikhona	I am well (literally I am present)
Ngiyaphila Ngiphilile	I am in good health
Ngisaphila	I am still in good health
Sikhona	We are well (literally We are present)
Siyaphila Siphilile	We are in good health

SUMMARY

There are two types of questions:

• No 'question word' (answer **yes** or **no**)

U**ya**funda?	Are you studying?
Ufunda **isiZulu**?	Are you studying **Zulu**?

• With a 'question word or suffix' (cannot answer yes or no!)

Question words

Ufuna **bani**?	**Whom** do you want?
Uhamba **nini**?	When **are you going**?

Question suffixes

Ufund**ani**?	**What** are you studying?
Uvela**phi**?	**Where** do you come from?
U**njani**?	**How** are you?

GREETINGS

Greetings are an integral part of African life. It is then customary to enquire after someone's health and that of their family. In Zulu, even though one person is speaking or being spoken to, the plural form is often used.

Ninjani? How are you (and your family)?
Sikhona I (and my family) am well

There are clearly many ways of enquiring after someone's health and of responding. To begin with, choose one 'question and answer' with which you feel happy, and use this with confidence. For example

Kunjani?

Kulungile

However, see that you are familiar with the other variations, so that you can recognise them in conversation and respond appropriately.

TWO EXCEPTIONS

• *What is your name/surname?*

i)	**Ungubani igama lakho?**	What is your name?
	NginguThemba	I am Themba/It is Themba
	Ungubani?	Who are you? (lit. you are who?)
	NginguThemba	I am Themba
ii)	**Ngubani isibongo sakho?**	What is your surname?
	NguSibeko (isibongo sami)	It is Sibeko (my surname)

• What is the time?

Ngubani isikhathi?   What is the time?

Ngu 2.30   It is 2.30

(Another way of asking the time is to say 'yisikhathi sini?')

Note

i)   Clearly in these questions **bani** (who) is used for the English **what**.

ii)   **ng**- means is/am/are + noun (here **ubani**).

iii)   Numbers in Zulu are complicated. Most Zulu speakers are familiar with the English numbers, and in fact use them a great deal. They are a lot simpler!

EXERCISE 5

Translate into Zulu

1. What is your name?   It is/I am ....
2. What is your surname?   It is ....
3. Who are you?   I am ....
4. What is the time?   It is ....
5. Where do you come from?   I come from ....
6. Where do you live?   I live in ....
7. Do you work?   Yes I do work
8. Where do you work?   I work in Johannesburg
9. Do you speak English?   No I speak Zulu
10. ' What do you want?   I want work

INGXOXO • CONVERSATION

'Uyasebenza?' Do you work?

UKhosi: Sawubona!

UJenny: Sawubona!

UKhosi: Kunjani?

UJenny: Sikhona. Wena unjani?

UKhosi: Cha, sikhona. Ungubani igama lakho?

UJenny: **Ngingu**Jenny Brown.

UKhosi: O! Mina nginguKhosi Mlambo.

UJenny: **Ngiyajabula ukukwazi** Khosi!

UKhosi: **Nami ngiyajabula ukukwazi** Jenny.

UJenny: Uhlalaphi?

UKhosi: Ngihlala eWendywood. Wena uhlalaphi?

UJenny: Ngihlala eRivonia.

UKhosi: **Uyasebenza?**
UJenny: Cha, ngisafunda. Wena, uyasebenza?
UKhosi: Yebo, ngisebenza kwaWoolworths.
UJenny: Ngubani isikhathi?
UKhosi: **Ngu 5.30**.
UJenny Hhawu! Kuleyithi! Ngiya ekhaya manje.
UKhosi: Hamba kahle Jenny.
UJenny: Sala kahle Khosi.

AMAGAMA • VOCABULARY

NOUNS

Class
1a	**u**Sipho	Sipho (m)
	uLizo	Lizo (m)
	uKhosi	Khosi (f)
–	**i**moto	car
–	**um**sebenzi	work/job/worker
–	**i**gama	name/word
–	**isi**bongo	surname
–	**isi**khathi	time

VERBS

-vela	come from/appear
-ya	go to
-sebenza	work
-jabula	be happy/glad
*-azi	know
-hlala	stay/live/sit
-zwa	understand/hear/feel/taste
-gula	be sick
*-thi	say
* Exception	*verb stems end in -i*

GENERAL

wena	as for you (singular)/you
cha	no
ekhaya	**from/at** home
manje	now
emseben**zini**	**to/at** work
namhlanje	today
yebo	yes
igama **lami**	**my** name
igama **lakho**	**your** name
nami	I too
kancane	a little
-njani?	how?
bani?	who?
nini?	when?
-phi?	where? (verbal suffix)
-ni?	what? (verbal suffix)
yini?	
kungani? }	why?
ngoba?	
eGoli	**to/from/in** Johannesburg
eKapa	**to/from/in** Cape Town
eThekwini	**to/from/in** Durban
eBhayi	**to/from/in** Port Elizabeth
sikhona	we are well
mina	as for me/me
kwa-	at (the place of)
Hhawu!	Gosh!
kuleyithi	**It is** late

SECTION 1   NOUN CLASSES 3 & 4, 5 & 6, 7 & 8

As mentioned in the introduction, the sooner you get to know the classes, the better. Now that classes 1 & 2 and 1a & 2a are familiar, Classes 3 & 4, 5 & 6 and 7 & 8 are introduced at the same time, to allow for a comparison of these classes. To begin with, try to associate the singular and plural prefixes rather than the numbers, for example the **um- & aba-** Classes and **u- & o-** Classes.

Study the following examples

Each noun is in its own class. This class is indicated by the **prefix**.

1.	Ngifuna **um**sebenzi	I am looking for **work**
	Sifuna **imi**sebenzi	We need **jobs** in S.A.
	eNingizimu Afrika	
2.	Ngifuna **i**qanda	I want an **egg**
	Sifuna **ama**qanda	We want **eggs**
3.	Ngifuna ukuthenga **isi**pho	I want to buy a **gift**
	Sifuna ukuthenga **izi**pho	We want to buy **gifts**

CLASSES 3 & 4

Things only

Prefixes: um-/umu- & imi-

Class 3 (singular)	Class 4 (plural)	
umsebenzi	**imi**sebenzi	work, job, exercise
umbuzo	**imi**buzo	question
umlilo	**imi**lilo	fire
umoya	**imi**moya	wind, spirit
umthetho	**imi**thetho	law
umjondolo	**imi**jondolo	shack
umshini	**imi**shini	machine
umkhonto	**imi**khonto	spear
****umu**thi	**imi**thi	tree/medicine

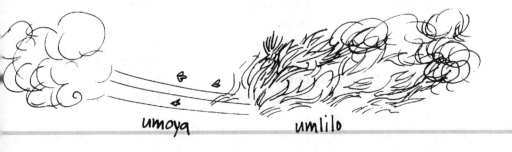

umjondolo

***umu-** is the prefix for nouns with only **one syllable or sound** in their stems like **umu - thi** (medicine or tree).

umoya   umlilo

CLASSES 5 & 6

Prefixes: ili- or i- & ama-

There are many nouns in class 5 & 6, and it is in these classes that one will find most **borrowed words** (from English and Afrikaans).

Class 5 (singular) **Class 6** (plural)

Stems of one syllable or sound

ili fu	ama fu	cloud
ili tshe	ama tshe	stone
ili zwe	ama zwe	country
ili zwi	ama zwi	voice/word
ili so	*ame hlo	eye
	*exception	

Stems of more than one syllable or sound

i gama	ama gama	name/word
i khaya	ama khaya	home
i qanda	ama qanda	egg
i cici	ama cici	earring
i wele	ama wele	twin
i thuba	ama thuba	opportunity/chance
i sondo	ama sondo	wheel
i zulu	ama zulu	heaven/weather (no plural)

iqanda

ama qanda

Note

i)   Nouns of class 5 take the prefix **ili-** or **i-** depending on whether the stem has one syllable or more. The plural prefix is always **ama-**.

ii) The above nouns which take the prefix **i-** are **genuine** Zulu words.

iii) The following nouns which take the prefix **i-** are **borrowed** from English or Afrikaans.

i phepha	ama phepha	paper, page
i phoyisa	ama phoyisa	police person
i thikithi	ama thikithi	ticket
i phephandaba	ama phephandaba	newspaper
i fasitela	ama fasitela	window
i garaji	ama garaji	garage
i kati	ama kati	cat
i tiye	ama tiye	tea ⎫
i khofi	ama khofi	coffee ⎬ * blends
i bhasi	ama bhasi	bus ⎭
i dolobha	ama dolobha	town

Note

idolobha (town) comes from the Afrikaans **dorp**. In the past, the **r** of borrowed words was often pronounced as **l**. However, this is changing, with the **r** now being retained in many words.

irandi for ilandi   (one rand)
du**r**a for du**l**a   (expensive)
i**r**ediyo for i**l**ediyo   (radio)

iv) The following nouns have no singular

amanzi   water
amasi   sour milk
amafutha   fat, oil
amandla   power, strength

v) Exception: Classes 1 & 6

umXhosa   **ama**Xhosa   a Xhosa
umZulu   **ama**Zulu   a Zulu

CLASSES 7 & 8

Prefixes: isi- & izi-

Class 7 (singular)   **Class 8** (plural)

isiZulu	–	Zulu language
isiXhosa	–	Xhosa language
isiNgisi	–	English language
isiBhunu	–	Afrikaans language
isiSuthu	–	Sotho language
isifundo	**izi**fundo	lesson, subject, course
isicathulo	**izi**cathulo	shoe
isipho	**izi**pho	gift
isifo	**izi**fo	disease
isitolo	**izi**tolo	store/shop
isikhathi	**izi**khathi	time
isibongo	**izi**bongo	surname

isipho

isifo

Note

i)   If the stem begins with a **vowel**, isi → is, for example:
     isono/**iz**ono   sin/sins
     isandla/**iz**andla   hand/hands

ii) Generally if a **borrowed** * word begins with an **s-** (followed by a consonant) it belongs to classes 7 & 8.

isitulo	chair	(from 'stoel')
isikole	school	(from 'skool')
isitini	brick	(from 'baksteen')
isitembu	stamp	(from 'stamp'
isitaladi	street	(from 'straat')

* All the above words, with the exception of 'isitembu,' are borrowed from the Afrikaans language.

UMSEBENZI 1

Fill in the correct noun and translate

1. Namhlanje kukhona .... (wind)
2. Ngubani .... (the time)?
3. Funda .... (the vocabulary) kahle!
4. Nizwa .... (Sotho)?
5. .... (name) lami nginguMary.
6. Ngithenga .... (tickets) namhlanje.
7. Ufuna .... (work)?
8. Sifuna .... (water)
9. Ngifuna ukuthenga .... (a gift)
10. Abafundi baya .... (to school)

Note

There is no equivalent in Zulu for **a, an, the**. For instance, umlilo can mean **fire, a fire,** or **the fire**.

The English translation will depend on the context in which the noun is used in the sentence.

SUMMARY OF NOUN CLASSES 1-8

Class	Noun	Prefix	Meaning
1	um**ngane** }	**um-**	friend
	umuntu	**umu-**	person
2	**aba**ngane/**aba**ntu	**aba-**	friends/people
1a	**u**baba	**u-**	father
2a	**o**baba	**o-**	fathers
3	**um**sebenzi }	**um-**	job
	umuthi	**umu-**	tree/medicine
4	**imi**sebenzi/**imi**thi	**imi-**	jobs/trees or medicines
5	**ili**fu }	**ili-**	cloud
	igama	**i-**	name/word
6	**ama**fu/**ama**gama	**ama-**	clouds/words or names
7	**isi**pho	**isi-**	gift
	izipho	**izi-**	gifts

UMUZI

Traditionally, the head of the household would build his **umuzi,** or group of huts, facing east and preferably on a slope to allow for drainage in wet weather. Another important factor was that it should be fairly close to a source of fresh water.

Several first names include the word **umuzi**. It can have a literal and an idiomatic meaning.

uVus**umuzi**	One who wakes up the household (-vusa)
	One who keeps the family name alive
uMuziwakhe/**uMuz**wakhe	His home
	He is the heir to his home/family
uMuzimkhulu	Big home
	He is enlarging the **umuzi,** by carrying on the family name

These all refer to **boys'** names.

The names of some rivers also include the word **umuzi.**

uMuzimkhulu	The big 'home
uMuzimvubu	The home of the hippopotamus (imvubu)
uMuzinyathi	The home of the buffalo (inyathi)

SECTION 2 VERB LINKS

CLASSES 1 & 2 AND 1A & 2A

Study the following sentences and try to identify the verb links

UMSEBENZI 2

Abafundi **ba**funda isiZulu. **Ba**funda kahle.
UJohn **u**thi: "**Ngi**thanda ukukhuluma isiZulu."
UMary **u**thi: "Nami, **ngi**thanda ukukhuluma isiZulu."
OJohn **bathi**: "**Si**yafunda! **Si**yajabula!"
UMnumzane Mhlaba, uthisha, **u**thi: "Bafundi, **ni**sebenza kamnandi!"

Note

i)   The **verb links** here are the equivalent of the English pronoun. **He** and **she** are indicated by **u**-, and **they** by **ba**-

ii)   Class 1 **uM**numzane (Mnu)   Mister (Mr)
      Class 1 **um**numzane   gentleman

The English pronouns are

	Singular	**Plural**
1st Person:	I	we
2nd Person:	you	you
3rd Person:	he, she, it	they

The Zulu equivalent of these pronouns is the **verb link.**

The 1st and 2nd persons have already been dealt with.

1st person	ngi-	si-
2nd person	u-	ni-
3rd person	In Zulu the 3rd person is made up of the **noun classes**	

Study the following examples

Umfundi **u**yafunda	The student **he/she** is studying
UThemba **u**yasebenza	Themba **(he)** is working
Abafundi **ba**yafunda	The students **(they)** are studying
OThemba **ba**yasebenza	Themba and others **(they)** are working

---

26

Note

i) From these examples it is clear that the **verb link** is derived from the prefix of the noun:

Class 1   **um-** → **u-**   (he/she)
Class 2   **aba-** → **ba-**   (they)

Classes 1a and 2a are subsidiary classes of Classes 1 and 2 and therefore take the same links respectively.

ii) When a noun is the subject of a sentence, the verb link must nevertheless be used. It **links** the noun to the verb.

Umfazi **u**yagula   The woman (**she**) is sick
Ugula kakhulu   **She** is very sick

iii) There is no **gender** in Zulu.

Um**ntwana u**yagula   The child (**he/she**) is sick
U**Themba u**yagula   Themba (**he**) is sick
U**Nomusa u**yagula   Nomusa (**she**) is sick

Thus **u-** represents both **he** and **she**, and the gender will depend on the noun. For example, **uyagula** means **he** is sick or **she** is sick.

This is the reason many Zulu speakers use **she** for a male and vice versa.

iv) The only difference between **u-** meaning you (singular) and **u-** meaning he/she, is in the tone of voice.

You is said in a lower tone while **he/she** is said in a higher tone.

Every syllable in a word has a slightly different tone. It is not easy for a non-mother tongue speaker to distinguish between these tones. As you progress, merely try to be aware of them. In some cases, a difference in tone means a difference in meaning. For example, **amathanga** can mean 'thighs' or 'pumpkins' depending on the tone!

The **verb link** is derived from the prefix of the noun.

Class 1	um-	→	u-
Class 2	aba-	→	ba-
Class 1a	u-	→	u-
Class 2a	o-	→	ba-

UMSEBENZI 3

Fill in the correct verb link and translate

a) 1. Umuntu .... yakhuluma
    2. UMary .... thenga izitembu
    3. Umfazi .... yasebenza
    4. Umfundi .... funda isiZulu
    5. Ubaba .... siza ubhuti

b) 1. Abantu .... yajabula
    2. OMary .... yajabula
    3. Abafazi .... yasebenza
    4. Abafundi .... qonda kahle
    5. Obaba .... siza inkosikazi

UMSEBENZI 4

Fill in the correct verb link and translate

1. Umntwana .... yadlala	.... dlala kamnandi
2. Abantwana .... yasiza	.... siza abazali
3. Ugogo .... yagula	.... gula kakhulu
4. UJabulani .... yaphuza	.... phuza iCoke
5. Abazali .... yaphuza	.... phuza itiye
6. Umfana .... yadla	.... dla isinkwa
7. Obhuti .... yahamba	.... hamba manje
8. Uthisha .... yakhuluma	.... khuluma ngaphandle
9. Abanumzane ..... yasebenza	.... sebenza ngaphakathi
10. Umfazi .... yathenga	.... thenga amaqanda

Note

UThandi ukhuluma **kakhulu**	Thandi speaks **a lot**
UThandi ukhuluma **kancane**	Thandi speaks **a little / softly**
UThandi ukhuluma **kahle**	Thandi speaks **well**
UThandi ukhuluma **kamnandi**	Thandi speaks **nicely** or **pleasantly**

USEFUL EXAMPLES

Ngiyabonga **kakhulu**	Thank you **very much**
Ngikhuluma isiZulu **kancane**	I speak a **little** Zulu
Hamba **kahle!**	Go **well**
Abantwana badlala **kamnandi**	The children play **nicely**

UMSEBENZI 5

Translate into Zulu

1. The people are going
2. The doctor helps people
3. Father drinks coffee but mother drinks tea
4. The child likes porridge
5. John is reading the newspaper
6. The young boys want work
7. Thandi and the others are working
8. The children live at home
9. Sipho lives in Durban but Thandi lives in Cape Town
10. We live in South Africa

CLASSES 3 & 4, 5 & 6, 7 & 8

Study the following examples

1.	**Um**oya **u**yavunguza	The wind (it) is blowing
	Imithetho **i**yashintsha	The laws (they) are changing
2.	**I**wele **li**yakhala	The twin (he/she) is crying
	Amaphoyisa **a**siza umfana	The police (they) help the young boy
3.	**Isi**pho **si**vela kumama	The gift (it) comes from mother
	Izipho **zi**vela kumama	The gifts (they) come from mother

The **verb link** is derived from the prefix of the noun.

Class 3	um- + umu-	→	u-
Class 4	imi-	→	i-
Class 5	ili- + i-	→	li-
Class 6	ama-	→	a-
Class 7	isi-	→	si-
Class 8	izi-	→	zi-

Note

Since most of the nouns in these classes are things, as opposed to people, they are largely used as the **object** (the part after the verb). Thus they do not use the verb link as much as nouns which refer to people.

For example

Ufuna **umsebenzi**	He wants work
Baphuza **amanzi**	They are drinking water
Bakhuluma **isiZulu**!	They are speaking Zulu!

UMSEBENZI 6

Complete the following as shown in the example

| **um**lilo | **imi-** | 3 & 4 | fire |

1. **um**buzo
2. **isi**tulo
3. **i**sondo
4. **um**thetho
5. **isi**fo
6. **ili**zwe
7. **umu**thi
8. **i**phephandaba
9. **isi**kole
10. **isi**bhamu

UMSEBENZI 7

Fill in the correct verb link and word. Translate into English

1.	Umama ... thenga	(bread)
2.	UZola ... thela	(water)
3.	Abantwana ... thanda ukudla	(porridge)
4.	Umfundi ... buza	(a question)
5.	OThemba ... funda	(the newspaper)
6.	Iphoyisa ... buza	(questions)
7.	Umzali ... funa	(a doctor)
8.	Umoya ... vunguza kakhulu	(today)
9.	Umsebenzi ... shintsha	(the wheel)
10.	Amawele ... hleli	(nicely)

Read the following passage aloud and answer the questions

USipho Khumalo **u**yasebenza. **U**sebenza eThekwini. **U**thanda umsebenzi wakhe kakhulu. **U**sebenza ehhovisi. **U**thanda ukuhlala eThekwini kodwa **u**thi kushisa kakhulu! Inkosikazi yakhe, **u**Lindiwe, **u**hlala ekhaya. **U**sebenza kakhulu ekhaya. Abantwana babo **ba**yafunda. **Ba**funda eVukuzakhe, eMlazi. Ekhaya, **ba**siza abazali kakhulu. OKhumalo **ba**hleli kamnandi eThekwini!

Kuyashisa kakhulu

UMSEBENZI 8

Imibuzo • Answer the following questions

1. UMnumzane Khumalo uyasebenza?
2. Usebenzaphi?
3. Uthanda umsebenzi wakhe?
4. Kuyashisa eThekwini na?
5. UNkosikazi Khumalo uyasebenza?
6. Usebenzaphi?
7. Abantwana bayafunda?
8. Bafundaphi?
9. Basiza bani ekhaya?
10. OKhumalo bahleli kanjani eThekwini?

Amagama

umsebenzi wa**khe**	**his** job
kakhulu	lot/hard
inkosikazi ya**khe**	**his** wife
abantwana ba**bo**	**their** children
ba**hleli**	they are **living**
ku**shisa**	it is **hot**

Note

i) **uM**numzane Khumalo   Mr Khumalo
    umnumzane   a gentleman

ii) **u**Nkosikazi Khumalo   Mrs Khumalo
    inkosikazi   a lady, wife, woman

iii) Inkosi   chief (originally of royal blood), lord, ruler, master, king
     inkosi**kazi**   chief's wife, lady, wife, madam, woman
     inkos**ana**   chief's son, a petty chief, chieftain
     inkosa**zana**   chief's daughter, young lady, miss

AMAGAMA

NOUNS

Class

3 & 4	**um**sebenzi	work, job, exercise
	umbuzo	question
	umlilo	fire
	umoya	wind, air, breeze, soul, spirit
	umuzi	homestead
	umthetho	law
	umuthi	tree
5 & 6	**ili**fu	cloud
	ilitshe	stone
	ilizwe	country
	ilizwi	voice, word
	iliso	eye
	igama	name, word
	ikhaya	home
	iqanda	egg
	iwele	twin
	icici	earring
	iphepha	paper, page
	iphephandaba	newspaper
	ithikithi	ticket
	isondo	wheel
	iphoyisa	policeperson
	iphalishi	porridge
	ikati	a cat
	ifasitela	a window
	igaraji	a garage

	ibhasi	a bus
	amanzi	water
	amasi	sour milk
	amafutha	fat, oil
	amandla	power, strength
1 & 6	**um**Zulu/**ama-**	a Zulu person
	umXhosa/**ama-**	a Xhosa person
7 & 8	**isi**Zulu	Zulu language
	isiXhosa	Xhosa language
	isiNgisi	English language
	isiBhunu	Afrikaans language
	isiSuthu	Sotho language
	isifundo	lesson
	isicathulo	shoe
	isipho	gift
	isifo	disease
	isinkwa	bread
	isandla	hand
	isitulo	chair
	isikole	school
	isitini	brick
	isitembu	stamp
	isitaladi	street
	isibongo	surname
	isitolo	shop
	isikhathi	time
	isibhamu	gun
1 & 2	**um**zali	parent
	umsebenzi	worker
1a & 2a	**u**thisha/**u**thishela	teacher (male/female)
	uthishelakazi	teacher (female)
	uNkosikazi	Mrs
1	**uM**numzane	Mr

VERBS

-thenga	buy
-shisa	burn
-bheka	look at
-thela	pour
-siza	help, assist
-dlala	play
-phuza	drink
-dla	eat
-khala	cry, complain
-vunguza	blow
-shintsha	change
-buza	ask (a question)
-geza	wash

GENERAL

kukhona	there is
laphaya	over there
kamnandi	nicely, pleasantly
kakhulu	a lot, very
(nga)phandle	outside
(nga)phakathi	inside
eNingizimu Afrika	**in** South Africa
kodwa	but
kumama	**from** mother/to mother
bahleli	**they** are sitting/they are living
kakhulu	a lot
-khe	his/her
inkosikazi ya**khe**	**his** wife
-bo	their
bahleli	**they** are living

34

SECTION 1 INSTRUCTIONS

• POSITIVE INSTRUCTIONS

Singular (when speaking to one person)
The **stem** of the verb is used:

Hamba!	Go!
Sebenza!	Work!
Ngena!	Come in!
Hlala phansi!	Sit down!
Khuluma isiZulu!	Speak Zulu!

Plural (when speaking to more than one person)
The **stem + ni** is used:

Hamba**ni**!
Sebenza**ni**!
Ngena**ni**!
Hlala**ni** phansi!
Khuluma**ni** isiZulu!

Hamba kakuhle!   *Sala kakuhle!*

Note

The tone of the voice shows whether
the instruction is gentle or severe.

UMSEBENZI 1

Write the following instructions in the plural and then translate

1.	Siza!	6.	Thula!
2.	Hamba!	7.	Vuka!
3.	Sebenza!	8.	Phakama!
4.	Bheka!	9.	Lalela!
5.	Woza!	10.	Geza!

UMSEBENZI 2

Translate into Zulu (singular and plural)

1.	Enter	6.	Buy bread
2.	Sit down	7.	Wash the car
3.	Go well	8.	Help the woman
4.	Stay well	9.	Call the children
5.	Pour (in) water	10.	Look here

NB:

When addressing someone **directly**, as in a greeting or instruction, the initial vowel of that noun is dropped.

Ngena, Sipho!   Come in, Sipho
Ngenani, bantwana!   Come in, children

UMSEBENZI 3

Translate into Zulu

1. Look Nomusa
2. Wake up children
3. Go well Themba
4. Stay well Lizo and friends
5. Listen students
6. Get up young man
7. Be quiet children
8. Listen well child
9. Sit down 'lady'
10. Sit down gentlemen

Exceptions

i) If the verb stem has only one syllable, **yi-** is placed before it.

Yidla!   Eat!
Yima!   Stop!

Wo- is a variant, and is placed before the stem -za (come).
Woza!   Come!

ii) If the verb stem begins with a vowel, **y-** is placed before it.

Yenza itiye!   Make tea!

iii) **Plural:** add **-ni**

Yidlani!   Eat!
Yenzani itiye!   Make tea!
Wozani!   Come!

UMSEBENZI 4

Fill in the correct form of the verb in brackets

1. Mntwana, ... (eat)
2. Bantwana, ... (eat)
3. Themba, ... (come) here
4. Bafana, ... (come) here
5. Nomusa, ... (make) tea

Note

Woza lapha!   →   come here

UMSEBENZI 5

Fill in a suitable verb from the list below and then translate (singular)
-vula, -enza, -ya, -funda, -hlala, -phuza, -za, -lalela, -vala, -dla

1. .... phansi!
2. .... lapha!
3. .... iCoke!
4. .... ifasitela!
5. .... incwadi!
6. .... itiye!
7. .... umnyango!
8. .... iphalishi!
9. .... abazali!
10. .... esitolo! (to the shop)

Note

i) There is no word for **please** in Zulu. However the verb **-cela** (ask for, request) may be used to express please.
   -cela can be used to ask for **things.**

   Ngicela amanzi?   Please may I have some water?
   Sicela itiye?   Please may we have some tea?

   -cela can be used to ask for **actions** to be performed. The verb which follows ends in **-e.**

   | **Singular** | Ngicela uphind**e** | please repeat |
   | **Plural** | Ngicela niphind**e** | please repeat |

ii) An alternative way of saying please is to use **-ake**, a word which also indicates please or a polite request. The verb which follows makes the verb link and ends in **-e**

   | **Singular** | Ake, uphind**e** | please repeat |
   | **Plural** | Ake, niphind**e** | please repeat |

• NEGATIVE INSTRUCTIONS

Read the following instructions aloud

Singular

Musa ukuhamba	Do not go
Musa ukungena	Do not enter
Musa ukusebenza	Do not work
Musa ukuza namhlanje	Do not come today
Musa ukudla manje	Do not eat now
Musa ukugoduka!	Do not go home
Musa ukuza namhlanje!	Do not come today

Plural

Musani ukuhamba	Do not go
Musani ukungena	Do not enter
Musani ukusebenza	Do not work
Musani ukuza namhlanje	Do not come today
Musani ukudla manje	Do not eat now

Note

i)   **Musa + uku**- is merely a construction and thus **uku**- is not translated as **to**.

ii) The verb stems which are exceptions in **positive** instructions, are treated normally in the **negative**.

UMSEBENZI 6

Put the following instructions into the negative (singular and plural) and translate

1.   Khuluma!
2.   Bheka!
3.   Dlala ngaphandle!
4.   Yiya manje!
5.   Woza kusasa!

UMSEBENZI 7

Translate the following instructions into Zulu

Singular

1.	Speak Zulu	Do not speak English
2.	Close the window	Do not close the door
3.	Ask father	Do not ask mother
4.	Call the doctor	Do not call Lizo
5.	Come today	Do not come tomorrow

Put the above instructions into the plural

UMSEBENZI 8

Translate the following negative instructions (singular)

1.   Do not forget
2.   Do not lie
3.   Do not make a noise
4.   Do not laugh
5.   Do not cry

Note

In everyday spoken Zulu the negative form is generally shortened to:

Singular: Mus' uk'hamba   Don't go
Plural: Musan' uk'hamba   Don't go

One can see that the sounds are run together in everyday speech.

SUMMARY OF INSTRUCTIONS

	Singular	Plural
Positive	Hamba! **Yi**dla! **Ye**nza itiye!	Hamb**ani**! **Yi**dlani! Yenz**ani** itiye
Negative	**Musa uku**hamba **Musa uku**dla **Musa ukw**enza itiye	**Musani uku**hamba **Musani uku**dla **Musani ukw**enza itiye
Short form	Mus' uk'hamba Musan' uk'hamba	

ICULO • SONG

Vukani madoda	Wake up men
Sekusile we mama	it is already dawn
Vukani madoda	Wake up men
Sekusile madoda	it is already dawn
Lakhal' iqhude lathi	The cock crowed, saying
`Kikilikigi'	'Cock-a-doodle-doo'
Labhul' amaphiko lathi	It flapped its wings, saying
`Kikilikigi'	'Cock-a-doodle-doo'
(Repeat)	
Vukani madoda	Wake up men
Sekusile madoda	it is already dawn men
Vukani madoda	Wake up men
Kusile	it is dawn

INGXOXO

'Ukusebenza ekhaya' (Working at home)

Abantwana basiza abazali ekhaya.

Umama:	**Wozani** bantwana! Kukhona umsebenzi **kakhulu** namhlanje!
Abantwana:	Kulungile mama! Siy**e**za.
Umama:	Ubaba ufuna ukugeza imoto. Themba, **musa ukudlala** manje. **Siza** ubaba. **Yiya** phandle.
UThemba:	Kulungile mama! Ngiyaya.
Umama:	Nomusa, **musa ukukhohlwa** ukukhipha izibi! Emva kwalokho **shanela** phansi lapha ekhishini. Mina ngigeza izingubo ngaphakathi.
UNomusa:	Kulungile mama (Bonke bayasebenza)

Bonke bayasebenza

Note

Siy**e**za	**We are coming**
a → e	before the verb **-za** (come)

UMSEBENZI 9

a) *Phendula imibuzo*

1. Abantwana basiza bani?
2. Ubaba ufuna uk**w**enzani?
3. UThemba usiza bani?
4. Ubaba noThemba basebenzaphi?
5. UNomusa ukhiphani?

6. UNomusa **wenzani** ekhishini?
7. Umama **wenzani**?
8. Bonke **benzani**?
9. Kulungile ukusiza abazali?
10. Wena, uyasiza ekhaya? **Wenzani**?

b) *Translate this passage into Zulu*

Mother calls the children. There is a lot of work today. They come. Themba helps father outside. They wash the car. Nomusa takes out the rubbish. After that she sweeps the floor in the kitchen. Mother washes the clothes inside. They are all working.

Note

i) Some verb stems begin with a vowel:

-**e**nza   make, do
ukwenza   **to** make, do

ii) Zulu does not allow two vowels to stand together. Thus when another vowel comes before **-enza**:

Ngi	→	ng-	**Ng**enzani?	What am **I** doing?
u	→	w-	**W**enzani?	What are **you** doing?
si	→	s-	**S**enzani?	What are **we** doing?
ni	→	n-	**N**enzani?	What are **you** doing?
Umama u	→	**w-**	Umama **w**enzani?	
Abantu ba	→	**b-**	Abantu **b**enzani?	

Thus
* Where there is a consonant + vowel in the link, drop the vowel.
* Where there is a vowel only in the link, **u-** → **w**

iii) Verb stems can begin with the vowels a, e, or o:

ukwakha	**to** build	u → w	before **a**
ukwenza	**to** make, do	u → w	before **e**
ukosa	**to** roast	u falls away before o	

iv) Negative instructions

Musa ukwakha indlu!	Do not build a house!
Musa ukwenza itiye!	Do not make tea!
Musa ukosa!	Do not roast!

NOUN CLASSES 9 & 10

Here the singular prefix is **i-** with a variable nasal - either **m** or **n**.

The plural prefix is **izi-** with the variable nasal **izim-** or **izin-**.

Class 9 (singular)　　**Class 10** (plural)

incwadi	**izi**ncwadi	book
indaba	**izi**ndaba	matter (sg) news (pl)
indlu	**izi**ndlu	house
inja	**izi**nja	dog
into	**izi**nto	thing
insizwa	**izi**nsizwa	young man
inkomo	**izi**nkomo	cow, bull, ox, cattle (pl)

inja

NB:

i)   b, p, f and v are all sounds made by using the lips

ii)   n → m before these sounds

imbongi	**izi**mbongi	oral poet
impahla	**izi**mpahla	goods, clothes, belongings
imfene	**izi**mfene	baboon
imvula	**izi**mvula	rain
impi	**izi**mpi	war
imoto	**izi**moto	car

imoto

NB: Classes 9 & 6

A few nouns in class 9 prefix **ama-** in the plural.

indoda	**ama**doda	man
indodana	**ama**dodana	son
indodakazi	**ama**dodakazi	daughter
inkosi	**ama**khosi	chief, lord, king
inkosana	**ama**khosana	chief's son, chieftain
inkosazana	**ama**khosazana	miss
inkosikazi	**ama**khosikazi	a lady
intombazana	**ama**ntombazana	young girl

*An **h** is always dropped if there is an **n** in the previous syllable of a word.

UMSEBENZI 10

Give the plural form of the following nouns with their classes, and translate

1. incwadi
2. inja
3. inyoni
4. indlovu
5. ingozi
6. inyoka
7. imfundo
8. imbali
9. imali
10. intaba

UMSEBENZI 11

Fill the appropriate noun and translate

1. Ngifunda ....   (a book)
2. Qaphela .... lapha!   (danger)
3. Ufuna .... yokudla?   (a thing)
4. Abantu bafuna ....   (houses)
5. Lalelani ....   (the news)
6. Musa ukuthinta ....   (a snake)
7. Musa ukukhohlwa .... zakho   (belongings)
8. Ngifuna ukuthenga ....   (a car)
9. Umntwana uthanda .... zakhe   (dogs)
10. Nuka ....   (the flowers!)

VERB LINKS: CLASSES 9 & 10

Study the following examples (Class 9 nouns)

1. Indoda isebenza Empangeni   (The man (he) works in Empangeni)
2. Intombi iyafunda   (The young woman (she) is studying)
3. Inja iyagijima   (The dog (it) is running)
4. Imvula iyeza   (The rain (it) is coming)
5. inyoni iyacula   (The bird (it) is singing)

Note

Once again it is clear that the **verb link** is derived from the prefix of the noun. The verb link for all class 9 nouns is **i-** (he, she or it).

Study the following examples (Class 10 nouns)

1. **Izi**ntombi **zi**yafunda   The young women (they) are studying
2. **Izi**nja **zi**yagijima   The dogs (they) are running
3. **Izi**mvula **zi**yeza   The rains (they) are coming
4. **Izi**nyoni **zi**yacula   The birds (they) are singing)
5. **Izi**nsizwa **zi**yagida   The young men (they) are dancing

Note

The verb link is derived from the prefix of Class 10, **izi-**. The verb link for all class 10 nouns is **zi-** (they).

UMSEBENZI 12

Fill in the correct verb link and translate

1. Izimoto ...... yahamba
2. Izintombi ...... phendula uthisha
3. Inkosikazi ...... siza ugogo
4. Izinja ...... bona ikati
5. Indoda ...... funda incwadi
6. Amantombazana ...... yaphakama
7. Amakhosikazi ...... ya edolobheni
8. Inkosi ...... thethisa abantu
9. Inkosazana ...... sebenza eCarlton Centre
10. Amadoda ...... sebenza (nga)phandle

PROVERB • IZAGA

"Izandla ziyagezana"
The hands (they) wash each other.
One good deed deserves another.

UMSEBENZI 13

Fill in the correct verb link and the word in bracket. Translate.

1. Indoda ... geza ....   (the car)
2. Izintombi ... thenga ....   (things)
3. Intombazana ... vela ....   (from school)
4. Izinkomo ... phuza ....   (water)
5. Intombazana ... shanela ....   (the floor) *
6. Izimoto ... hamba ....   (tomorrow)
7. Imoto ... vela ....   (from Johannesburg)
8. Izinja ... luma ....   (people)
9. Inja ... thanda ....   (meat)
10. Inkosikazi ... cela ....   (money)

* **'Phansi'** (down) is used for **floor**

44

Note

i) **-buza**   ask (a question)

    -cela   ask (for something)

ii) With the verb -enza (make, do) the verb link changes as follows:

    i-   →   **y-**

    zi-   →   **z-**

Intombi **y**enzani?   What is the young woman doing?

Izintombi **z**enzani?   What are the girls doing?

INGXOXO

Umfana ufunda incwadi   (A boy is reading a book)

Ugogo: Sawubona mzukulu. **W**enzani?

Umfana: Sawubona gogo. Ngifunda incwadi.

Ugogo: O, ngiyabona. Kukhona imifanekiso?

Umfana: Yebo, gogo. Bheka!

           (Ugogo ubheka imifanekiso)

Ugogo: Hhawu! Indoda **y**enzani lapha?

Umfana: Iyapenda. Ipenda indlu.

Ugogo: Umfana **w**enzani?

Umfana: Ubamba isitebhisi. Usiza ubaba.

Ugogo: Izintombi **z**enzani?

Umfana: Ziyadlala.

Ugogo: Inkosikazi **y**enzani?

Umfana: Iyapheka. Ipheka ekhishini.

Ugogo: Hhawu! Bonke bayajabula!

Umfana: Yebo, gogo, bayajabula!

UMSEBENZI 14

Phendula imibuzo

2. Umfana **w**enzani?
3. Kukhona imifanekiso encwadini?
4. Indoda **y**enzani emfanekisweni?
5. Umfana **w**enzani?
6. Izintombi **z**enzani?
7. Inkosikazi **y**enzani?
8. Inkosikazi iphekaphi?
9. Bonke bayajabula?
10. Wena, uyajabula namhlanje?

UMSEBENZI 15

Translate this passage into Zulu

The boy is reading a book. There are pictures in the book. Grandmother greets the boy. They look at the pictures. They see a man. He is painting the house. A boy is helping. He is holding the ladder. The girls are playing. The lady is cooking. She is cooking in the kitchen. They are all happy.

Note

As mentioned earlier, **age** plays a very important part in the lives of the Zulu people. This fact is borne out in the vocabulary, which contains a rich variety of words for all the stages of development.

Umfana (boy)	**Intombazana** (little girl)
Insizwa (young, unmarried man)	**Intombi** (young, unmarried woman)
Indoda (man)	**Umfazi** (a married woman)

INGXOXO

'Egaraji' (At the garage)

Umsebenzi:	Sawubona nkosikazi!
Inkosikazi:	Sawubona mnumzane?
Umsebenzi:	Kunjani namhlanje?
Inkosikazi:	Kulungile. Wena unjani?
Umsebenzi:	Cha, ngisaphila nami. **Nginga**ku**siza**?
Inkosikazi:	Yebo, ngicela **ugcwalise ithangi**
Umsebenzi:	Kulungile, ngicela isikhiye.
Inkosikazi:	O, uxolo nasi!
	(Umsebenzi ugcwalisa ithangi)

Umsebenzi:	Unjani **u-oyela** nkosikazi?
Inkosikazi:	Ngicela **usheke** u-oyela, **ibhethri namanzi**.
Umsebenzi:	Kulungile. **Ake, uvule** ibhonethi.
	(Inkosikazi ivula ibhonethi. Umsebenzi usheka yonke into)
Umsebenzi:	Yonke into ilungile nkosikazi.
Inkosikazi:	Ngiyabonga!
Umsebenzi:	Anjani amasondo ?
Inkosikazi	Ngicela **umpompe amasondo** nge 2 bar.
	(Umsebenzi umpompa amasondo)
Umsebenzi:	Anjani amafasitela?
Inkosikazi:	Hhawu, angcolile kakhulu! Ake **usule amafasitela!**
	(Umsebenzi usula amafasitela)
Umsebenzi:	Ngiqedile nkosikazi.
Inkosikazi:	Ngiyabonga kakhulu mnumzane. **Yimalini?**
Umsebenzi:	U-R80.00
Inkosikazi:	Hhawu! Uphethroli uyadula! Nansi imali! **Le eyakho.**
Umsebenzi:	Ngiyabonga kakhulu nkosikazi.
	Hamba kahle!
Inkosikazi:	Sala kahle mnumzane!

Note

i) Try to adapt this conversation to suit your own needs.
    For example, use the greetings of your choice.

   Note the following variations:

Thela uphethroli ka R50!	**for**	Gcwalisa ithangi!
Amafutha	**for**	U-oyela
Unjani umoya?	**for**	Anjani amasondo?
Nali ikhadi!	**for**	Nansi imali!

ii) Notice the use of the verb link with parts of speech other than the verb.

The link then introduces the appropriate verb.

Unjani u-oyela?	How is the oil?
Anjani amafasitela?	How are the windows?
Uphethroli **u**yadula!	Petrol is expensive!
Amafasitela **a**ngcolile	The windows are dirty

... Gcwalisa ithangi
... Bheka u-oyela, ibhethri namanzi
... Mpompa amasondo
... Sula amafasitela

THE ROLE OF THE ZULU ORAL POET

The **imbongi** or oral poet has been described as someone who lived in close proximity to a chief and who accompanied the chief on important occasions. His performance would be directed at the chief, decrying what was unworthy, praising what was worthy and even forecasting what was going to happen. Clearly the **imbongi's** role was one which allowed for criticism.

A poet praiser has to be found credible by the community. They appoint him, and he becomes the voice of the community, representing the grassroots feeling of the people.

Today, **izimbongi** produce praises at various functions such as graduation ceremonies, retirement parties, the opening of schools, creches, clinics and so on. But the most highly–regarded praises are those produced in honour of political organisations and political leaders, including those who align themselves with the organisations. The reason for this would seem to be that it is now these organisations and to a large extent no longer the 'traditional' chiefs, which are important in the lives of the people.

AMAGAMA

NOUNS

Class

9 & 10	imoto	car
	imali	money
	indlu	house
	inja	dog
	into	thing
	ingxoxo ·	conversation
	incwadi	book
	intombi	young woman
	indaba	matter (sg), news (pl)
	inkomo	cow, bull, ox, cattle (pl)
	ingozi	danger, accident
	imbongi	oral poet, praise poet
	impahla	clothes, belongings (sg, pl)
	imfene	baboon
	imvula	rain
	inyoka	snake
	insizwa	bachelor
	impi	war
	indlovu	elephant
	inyoni	bird
	imfundo	education
	imbali	flower
	intaba	mountain
	inyama	meat
	ingubo	blanket/clothing
	izibi	garbage (no singular)
9 & 6	indoda	man
	indodana	son
	indodakazi	daughter
	inkosi	lord, chief, king
	inkosikazi	lady, mrs
	inkosana	chieftain
	inkosazana	miss
	intombazana	young girl
1a + 2a	uthisha	teacher
	uphethroli	petrol
	u-oyela	oil

3 + 4	**um**fanekiso	picture
	umnyango	door

1 + 2	**um**zukulu	grandchild
	umfana	boy
	umuntu	a person

5 + 6	**i**thuba	chance, opportunity
	ithangi	tank
	ibhethri	battery
	ibhonethi	bonnet
	iladi	ladder
	ikhadi	card
	ifasitela	window
	igaraji	garage
	ibhasi	bus
	ikati	cat
	idolobha	town

7 & 8	**isi**tsha	a dish
	isitolo	a store/shop
	isikhiye	a key
	isitebhisi	a ladder

1a + 6	**u**swidi	sweet

VERBS

-ngena	go/come in
-siza	help
-bheka	look/look at
-thula	be quiet
-vuka	wake up
-phakama	get/stand up
-lalela	listen
-biza	call
-phinda	repeat
-za	come
-vula	open
-vala	close
-khohlwa	forget
-qamba amanga	tell lies
-hleka	laugh/laugh at
-khala	cry, complain
-shesha	hurry

-sheshisa	hurry up, do quickly
-khipha	take out
-shanela	sweep
-phendula	answer, reply
-akha	build
-enza	make, do
-osa	roast
-esaba	be afraid of, fear
-jabula	be/become happy
-qaphela	beware of
-gijima	run
-thinta	touch
-fika	arrive
-luma	bite
-cela	ask for request (something)
-penda	paint
-bamba	hold, catch
-pheka	cook
-bingelela	greet
-gcwalisa	fill
-mpompa	pump
-sula	wipe
-ya + e	go to
-thanda	like, love
-thenga	buy
-cula	sing
-gida/giya	traditional dance (male)
-sina	traditional dance (female)
-sebenza	work
-thethisa	scold
-woza!	come!
-geza/-hlamba/-washa	wash

GENERAL

phansi	down, below, on the floor
lapha	here
ake	please
esitolo	to/from/at/in the shop
kusasa	tomorrow
siyeza	we are coming
emuva kwalokho	after that
ekhishini	in the kitchen
bonke	all (class 2+2a nouns)

noThemba	**and** Themba
into **yo**kudla	something to eat
zakho	your
esikol**eni**	**in/at/to/from** school
Hhawu!	Gee!
-jabula	be happy
encwad**ini**	in the book
emfanekis**weni**	in the picture
Nginga**ku**siza?	Can I help **you**?
uxolo	sorry
nasi	here it is (Class 7 nouns)
namanzi	**and** water
yonke into	everything
-lungile	good, fine
nge bar 2	**with** bar 2
-ngcolile	dirty
ngiqed**ile**	I **have** finished
yimali**ni**?	**What** money is it?
	(How much is it?)
-dula/biza	expensive
nansi	here it is (Class 4 + Class 9 nouns)
le eyakho	**this** is yours
nali	here it is (Class 5 nouns)
nami	me too/and me
ngiyabonga	thank you
ngaphandle	outside

The three main constructions dealt with thus far are

Statements
Questions
Instructions

STATEMENTS

Ngi**ya**funda.	I am studying
Ngifunda **isiZulu.**	I am studying **Zulu**

QUESTIONS

* **No 'question word'** (Answer **yes** or **no**)

Uyafunda?	Are you studying?
Ufunda isiZulu?	Are you studying Zulu?

* **With a question word or suffix** (cannot answer yes or no)

Question words

Ufuna **bani?**	**Whom** do you want?
Uhamba **nini**?	**When** are you going?

Questions suffixes

Ufund**ani**?	**What** are you studying?
Uvela**phi**?	**Where** do you come from?
Un**jani**?	**How** are you?

INSTRUCTIONS

* **Positive**

Singular	Plural	
Hamba!	Hamba**ni!**	Go!
Yidla!	**Yi**dla**ni!**	Eat!
Yenza itiye!	**Y**enza**ni** itiye!	Make tea!

* **Negative**

Musa ukuhamba!	**Musani uku**hamba!	Do not go!
Musa ukuza!	**Musani uku**za!	Do not come!
Musa ukwenza itiye!	**Musani ukw**enza itiye!	Do not make tea!

Colloquial

Mus' uk'hamba	**Musan' uk'**hamba	Don't go

Note

i) When addressing someone directly, the first vowel of that noun is always dropped.

Sawubona mnumzane!	Hullo 'mister'!
Sanibonani banumzane!	Hullo gentlemen!
Woza lapha Themba!	Come here Themba!
Wozani lapha Themba!	Come here Themba and others!
Yebo mama!	Yes mother!
Ngiyabonga baba!	Thank you father!

ii) **Two vowels may not stand together** in Zulu. This rule does not apply to borrowed words.

u-oyela (oil); i-apula (apple), u-anyanisi (an onion)

In all other cases, when two vowels do come together, a change must be made.

For example, with the verb **-enza** (make, do), the verb link:

- Loses it's vowel
  Nenzani? (ni → n)
  Benzani? (ba → b)

- A single vowel becomes a consonant
  Wenzani? (u → w)
  Yenzani? (i → y)

SUMMARY OF NOUN CLASSES 1 TO 10

Person	Noun	Noun Prefix		Verb Link	
1st				ngi-	si-
2nd				u-	ni-
3rd (Classes)					
1	**um**ngane	um-	}	u-	
	umuntu	umu-			
2	**aba**ntu	aba-		ba-	
1a	**u**baba	u-		u-	
2a	**o**baba	o-		ba-	
3	**um**sebenzi	um-	}	u-	
	umuthi	umu-			
4	**imi**sebenzi, **imi**thi	imi-		i-	
5	**ili**fu	ili-	}	li-	
	igama	i-			
6	**ama**fu, **ama**gama	ama-		a-	
7	**isi**khathi	isi-		si-	
8	**izi**khathi	izi-		zi-	
9	**in**tombi	in-	}	i-	
	imvula	i-			
10	**izi**ntombi, **izi**mvula	izi-		zi-	

Note

The verb link is derived from the noun prefix as follows:

* It always takes **vowels** of the prefix.
* If there is a **consonant** in the basic prefix, it is placed before the vowel (**m** and **n** are considered **nasals** and not consonants, they are therefore ignored in this case.)
* Classes 1a + 2a are subsidiary classes of 1 & 2 and therefore take the same links.

POINTS OF INTEREST

- THE BODY
- OCCUPATIONS
- PUBLIC SIGNS
- INTERESTING WORDS

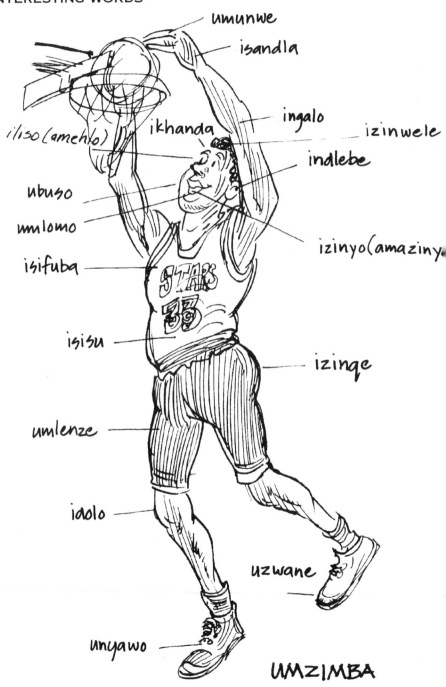

umunwe

isandla

ingalo

izinwele

iliso (amehlo)

ikhanda

indlebe

ubuso

umlomo

izinyo (amaziny.

isifuba

isisu

izinqe

umlenze

idolo

uzwane

unyawo

UMZIMBA

THE BODY (UMZIMBA)

UMSEBENZI 1

Complete the table as shown in the first line

Classes	Singular	Plural	Meaning
3 & 4	**um**zimba	**imi**zimba	body
	umlomo		
	umlenze		
	umunwe		
5 & 6	**ili**so		
	ikhanda		
	idolo		
	izinyo		
	ihlombe		
	ikhala		
7 & 8	**isi**fuba		
	isandla		
	isisu		
	isinqe		
11 & 10	**u**nwele		
9 & 10	**i**ndlebe		
	intamo		
	ingalo		
11 & 10	**u**nyawo		
	uzwane		
14	**ubu**so		

UMLOLOZELO • RHYME

Ngineminwe emihlanu	I have five fingers
engiyibiza ngamagama	which I call by names.
Uthuphazane lo –	This is the thumb –
Isidudla sami lesi.	my fat one, this one
Ukhombisile lo –	This is my pointing finger –
umthethi wamacala.	the talking in court
Umdanyana lo –	The middle finger is this one –
yindoda enhle kakhulu.	the very handsome man.
Uthembisile lo –	The engagement finger is this one –
umngane wendandatho.	the friend of the wedding finger
Ucikicane lo –	This is the little finger –
ithemba lami leli.	this one is my hope.

OCCUPATIONS (IMISEBENZI)

1	**um**bhali	author
1	**um**bhali wamabhuku ezimali	accountant
1a	**u**nobhala	secretary
9	**i**mantshi	magistrate
1	**um**meli	lawyer
1a	**u**fokisi	detective
5	**i**sosha	soldier
1	**um**sakazi	announcer
1a	**u**mongameli	president
1a	**u**ndunankulu	prime minister
1a	**u**thishanhloko	principal
1	**um**phathi	director
1	**um**qeqeshi	trainer/coach

UMSEBENZI 2

What are the following occupations? Translate and give the class

1. **um**fundisi
2. **um**nini sitolo
3. **u**noposi
4. **u**thisha/**u**thishela
5. **u**somatekisi
6. **u**makhenikhi
7. **u**njiniyela
8. **i**jaji
9. **um**ongikazi/**u**nesi
10. **u**dokotela wamazinyo

"That's a good start. I asked him what it would cost to send a registered, insured parcel express mail to KwaZulu, and he said, 'Sawubona!'."

PUBLIC SIGNS

UMSEBENZI 3

Match the following signs with their English equivalents

1.	Ingozi!	Private property
2.	Musa ukulahla udoti lapha	Exit
3.	Akungenwa	No smoking
4.	Akubhenywa	Beware of the dog
5.	Uxolo! Imisebenzi! Inkululeko!	Danger
6.	Ngumhlaba womuntu lo!	No dumping here
7.	Kungenwa lapha	Information
8.	Qaphela inja!	No entry
9.	Kuphunywa lapha	Entrance
10.	Ukwazisa/Ukwaziswa	Peace, jobs, freedom

INTERESTING WORDS

radio	5	irediyo	from radio
	5	iwayilensi	from wireless
	3	umsakazo	(from the verb -sakaza, to spread a report)
television	5	ithelevishini	from television
	1a	umabonakude	-bona (see) + kude (far away)
movie	5	ibhayisikobho	from bioscope
	5	ifilimu	from 'film'
	7	isithombe	a picture
pension	3	umhlalaphansi	-hlala (sit) + phansi (down)
motorbike	7	isithuthuthu	from the sound the motorbike makes
aeroplane	9	indiza(mshini)	from the verb ndiza (fly) umshini (machine)
	5	ibhanoyi	from the Afrikaans 'ballon'

Idonkirabhijezi zebra (literally, a donkey with a striped rugby jersey!)

This word comes from **Fanakalo**, a compound language developed on the mines to facilitate communication. It means 'similar to that one' because various languages were compounded, with the aim of making them similar to one another.

idonkirabhijezi

AMAGAMA

NOUNS
Classes

3 & 4	**umzi**mba	body
	umlomo	mouth
	umunwe	finger
	umlenze	leg
5 & 6	**ili**so/**ame**hlo	eye/eyes
	ikhanda	head
	idolo	knee
	izinyo/**ama**zinyo	tooth/teeth
	ihlombe	shoulder
	ikhala	nose
7 & 8	**isi**fuba	chest
	isisu	stomach
	isandla	hand
	isinqe/**izi**nqe	buttocks
9 & 10	**i**ndlebe	ear
	intamo	neck
	ingalo	arm
	izinwele	hair
11 & 10	**u**nyawo/**izi**nyawo	foot/feet
	uzwane /**izi**zwane	toe
14	**ubu**so	face
9 & 10	**i**ngozi	danger, accident
	inkululeko	freedom
11	**u**xolo	peace
3 & 4	**um**hlaba	land, soil, earth

VERBS

-thatha	take
-lahla	throw away
-bhema	smoke
-qaphela	beware
-phuma	go out
-azisa	make known/inform

Vocabulary for **Occupations** and **Interesting Words**
See pages 58 and 60.

Study the following examples

Ngihlala **e**khaya	I live **at** home
Ngivela **ku**mama	I (have) come **from** mother
Ngiya **e**msebenzini	I am going **to** work

In English we use prepositions (in, on, at, to, from, etc.) to express **place**. There are no prepositions in Zulu. Instead, the form of the noun changes in various ways, as seen above.

Note

The meaning of the English preposition depends on:

i)   The **verb** in the sentence

Sivela **e**Goli	We come **from** Johannesburg
Siya **e**Goli	We are going **to** Johannesburg
Sihlala **e**Goli	We live **in** Johannesburg

ii) The context in which the verb is used

Sihlala **e**khaya	We live **at** home
Sihlala **e**pulazini	We live **on** a farm
Sihlala **e**Thekwini	We live **in** Durban

THE THREE MAIN CONSTRUCTIONS USED TO EXPRESS PLACE FROM NOUNS

• SOME NOUNS REPLACE THEIR INITIAL VOWEL WITH E-

Most Place names

iGoli	→	**e**Goli	**in** Johannesburg
iPitoli	→	**e**Pitoli	**in** Pretoria
uMgungundlovu	→	**e**Mgungundlovu	**in** Pietermaritzburg
iBhayi	→	**e**Bhayi	**in** Port Elizabeth

Also
eRandburg
eSoweto
eThembisa
eNewcastle
eMlazi
eNanda

Note

iNingizimu Afrika	→	**e**Ningizimu Afrika	**in** South Africa
iMelika	→	**e**Melika	**from** America
iNgilandi	→	**e**Ngilandi	**to** England

Certain special nouns

ikhaya	→	**e**khaya	**at** home
igaraji	→	**e**garaji	**to** the garage
isibhedlela	→	**e**sibhedlela	**in** hospital
ikhemisi	→	**e**khemisi	**from** the chemist
isitolo	→	**e**sitolo	**to** the shop
iyunivesithi	→	**e**yunivesithi	**at** university
ulwandle	→	**e**lwandle	**in** the sea
ikhanda	→	**e**khanda	**on** the head
ibhange	→	**e**bhange	**in** the bank

Note

i) This applies only to certain nouns. There is no particular reason they prefix an **e**- only.

ii) Sometimes the **e-** denotes **time** as well.

imini	→ **e**mini	**in** the day/at noon
ubusuku	→ **e**busuku	**at** night

UMSEBENZI 1

Fill in the correct form of the noun in brackets and translate

1. Umama usebenza (ikhaya).
2. Ubaba uthenga uphethroli (igaraji).
3. Kumnandi ukuhlala (ipulazi).
4. OMazibuko bavela (iGoli) kodwa bahlala (iKapa) manje.
5. (Imini) siyasebenza kodwa (ubusuku) siyalala.

UMSEBENZI 2

Phendula: Wena ...

1. Uvelaphi?
2. Uhlalaphi?
3. Uyaphi Manje? (to the garage)
4. Uvelaphi manje? (from the chemist)
5. Ufundaphi ? (at university)

Note

kwa- is prefixed to nouns of Classes 1a & 2a to express at, in, to, from, **the house, place or property of**...

kwaThemba	**at** Themba's house
kwababa	**at** father's house
kwaMazibuko	**at** the Mazibuko's house
kwaZulu	**in** the land of the Zulu
kwaLanga	**in** Langa

i) Zulu and Langa were both chiefs, hence these place names, take **kwa-** and not **e-**

ii) Companies, businesses, shops etc. can also prefix kwa, indicating the property of ...
   kwaShell
   kwaWoolworths

iii) **kwa**dokotela at the place of the doctor

• CLASS 1A AND 2A NOUNS PREFIX K-

Class 1a

kuThemba	**from** Themba
kumama	**to** mother
kuNkulunkulu	**from** God

Class 2a

koThemba	**to** Themba and friends
kobaba	**from** father and company
kosisi	**from** sister and others
koKhumalo	**to** the Khumalo family

UMSEBENZI 3

Fill in the correct form of the noun in brackets and translate

1. Sivela (ugogo) manje.
2. Siya (oMfeka) kusasa.
3. Umntwana uya (udokotela) namhlanje.
4. Sicela usizo (uNkulunkulu).
5. Ubaba uthanda ukulalela izindaba (irediyo).

Note

Ngiya **ku**Themba	I am going to Themba (he may be anywhere)
Ngiya **kwa**Themba	I am going to Themba's home. (he is the owner)

• ALL OTHER NOUNS

i)   Replace the initial vowel with **e-**

ii) Replace the final vowel as follows:

-a	→	-eni	intaba	→	entabeni	**to** the mountain
-e	→	-eni	Isikole	→	esikoleni	**at** school
-i	→	-ini	ingadi	→	engadini	**in** the garden
-o	→	-weni	imoto	→	emotweni	**in** the car
-u	→	-wini	izulu	→	ezulwini	**from** the home

Learn **-eni, -eni, -ini, -weni, -wini** as a rhyme, to correspond with the five vowels. Then learn each of the above examples to perfection in order to facilitate getting a feel for the endings of nouns in general. It will come naturally after a while.

UMSEBENZI 4

Change these nouns so that they express place. Give an English translation

1. Isinkwa
2. Isitolo
3. ibhange
4. imoto
5. umsebenzi

6. iphepha
7. iposi
8. igedlela
9. isitulo
10. ikamelo

Note

Compare: **Kwa**Zulu   **in/at/to/from** the 'land of the Zulu'
            emaXhos**eni**   **in/at/to/from** the 'land of the Xhosas'

UMSEBENZI 5

Give the correct form of the noun in brackets and translate

1. Bhala igama lakho (incwadi).
2. UMary ubeka ukudla (itafula).
3. Ubaba usebenza (idolobha).
4. Ngibona umngane (indlela).
5. Musa ukuhamba (imvula).
6. Musa ukudlala (ilanga) namhlanje, kushisa kakhulu.
7. Ikati lithanda ukulala (umbhede).
8. Kukhona abantu abaningi (ijele).
9. Bheka izinyoni (umuthi).
10. Abantu bagibela (ibhasi).

UThemba
ugibela ibhasi

Note

UThemba ugibela **ibhasi**   Themba catches the bus
UThemba ugibela **ebhasini**   Themba gets on/into the bus.

UMSEBENZI 6

Complete the following, using nouns which express place

1. Umuntu uthenga upetroli ....
2. Umuntu ukhipha imali ....
3. Umuntu uthenga izitembu ....
4. Umuntu uthenga umuthi ....
5. Umuntu uthenga izimpahla ....

SUMMARY

In order to express place

i) **Most place names** (and certain special nouns) replace the initial vowel with **e-**: **e**Goli, **e**khaya.

kwa- is prefixed to Class 1a and 2a nouns and proper nouns to show the residence or property of:
kwaMazibuko, **kwa**Shell

ii) Nouns in **Classes 1a and 2a** prefix **k-**:
kumama, **k**oThemba

iii) **All other nouns**
* Replace the initial vowel with **e-**;
* Replace the final vowel as follows:

-a	→	-eni
-e	→	-eni
-i	→	-ini
-o	→	-weni
-u	→	-wini

UMSEBENZI 7

Give the correct form of the noun in brackets and translate

1. Kukhona ushukela (itiye)?
2. Kukhona amanzi (igedlela)?
3. Gcoba ibhotela (isinkwa)
4. Umama usebenza (ikhishi)
5. Sivakashela umngane (isibhedlela)
6. Khipha izimpahla (imoto)!
7. Lalela izindaba (umabonakude)!
8. Ubhuti uvela (oSipho)
9. Abantwana badlala (indlu)
10. Sidinga imisebenzi (iNingizimu Afrika)

UMSEBENZI 8

Translate into Zulu

1. Mother buys bread **at the shop**
2. Take the milk **out of the fridge**
3. The boys live **on a farm**
4. The girls are going **to grandmother** tomorrow
5. What do you see **in the picture?**
6. I am going **to town**
7. Father works **in the day** but **at night** he sleeps
8. Are you (plural) going **to the Smiths** tomorrow?
9. The children learn Zulu **at school**
10. Beware of cars **on the roads!**

NGXOXO

Abangane bayaxoxa. (Friends are chatting)

UDavid: Konje uvelaphi Sipho?

USipho: Ngivela **Kwa**Zulu. Wena uvelaphi?

UDavid: Ngivela **e**Zimbabwe kodwa ngihlala lapha **e**Goli manje.

USipho: O, uhlala kuphi **e**Goli?

UDavid: Ngihlala **e**-Observatory. Wena uhlala kuphi **e**Goli?

USipho: Ngihlala **kwa**malume **e**Soweto.

UDavid: Usebenzaphi?

USipho: Ngisebenza **e**dolobheni, **kwa**Shell. Wena uyasebenza?

UDavid: Cha, mina ngisafunda **e**yunivesithi.

USipho: O, ngiyabona. Uyaphi manje?

UDavid: Ngiya **e**zifund**weni**.

USipho: Hamba kahle mngane wami. Mina ngiya **e**msebenz**ini**.

UDavid: Nawe Sipho, hamba kahle!

Rewrite and practise this conversation using your personal particulars and those of a friend.

UMLOLOZELO • RHYME

Sawubona we katshana	Hello little cat
Uyaphi we katshana	Where are you going, little cat?
Ngiya edolobheni	I am going to town
Uyothenga ini?	To go and buy what?
Ngiyothenga isigqoko	I am going to buy a hat
Isigqoko?	A hat?
Isigqoko?	A hat?
Angizange ngilibone	I have never seen
ikati lithwele isigqoko!	a cat wearing a hat!

Note
- thwala   wear on the head
- gqoka   wear on on parts of the body

INGXOXO

OMazibuko baya edolobheni. (The Mazibukos go to town.)

Umama: Sheshisani bantwana! Gqokani siya **edolobheni!**
Abantwana: Kulungile mama, siyeza!
            (Ubaba ukhipha imoto **egaraji**)
Ubaba: Gibelani, siyahamba!
            (Umama **na**bantwana bagibela **emotweni**)

Edolobheni
Ubaba: Kulungile, mina ngiya **ehhovisi** manje.
Umama: Kuhle, mina ngifuna ukuya **ebhange** kuqala. Ngifuna
            ukukhipha imali. Emuva kwalokho ngiya **eposini**. Ngifuna
            ukuposa izincwadi **no**kuthenga izitembu.

Esitolo

UThemba ufuna
ibhulukwe nehembe

UNomusa ufuna
ingubo

izicathulo

Abantwana:	Thina, sicela izimpahla, mama.
UThemba:	Mina, ngicela ibhulukwe **ne**hembe.
UNomusa:	Mina, ngicela ingubo **ne**zicathulo.
Umama:	Kulungile, bantwana. Yiyani **esitolo**. Ngiyeza.
	Qaphelani izimoto **ezindleleni**! (Emuva, kwalokho
	oMazibuko, baya ekhaya. Bakhathele!)

UMSEBENZI 9

Phendula imibuzo

1. OMazibuko bayaphi?
2. Ubaba ukhiphani egaraji?
3. Omama bagibelani?
4. Edolobheni ubaba uyaphi?
5. Umama uyaphi kuqala?
6. Emuva kwalokho uyaphi?
7. Ufuna ukwenzani lapho?
8. Abantwana bacelani?
9. Nika isiNgisi: Qaphelani izimoto ezindleleni!
10. Nika isiZulu: I am tired!

Note

-nika   give, hard to, supply with
-pha   give (as a gift)

UMSEBENZI 10

Rewrite the following passage filling in the blank spaces

OMazibuko .... ya edolobheni. Bagibela .... Ubaba uya
.... Umama uya ebhange .... Ukhipha .... Emuva
kwaloko uya .... Uposa .... Uthenga .... Abantwana
bacela .... UThemba ucela .... ne .... Emuva
.... Baya .... Ba............!

IZIMPAHLA ZOKUGQOKA • CLOTHES/CLOTHING
LITERALLY 'GOODS OF WEARING'

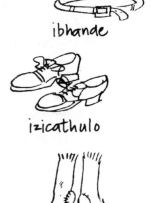

ibhande

ibhulukwe

isigqoko

izicathulo

ihembe

ingubo

uthayi

amasokisi

UMSEBENZI 11

Complete the following table as indicated in the first line

Class	Singular	Plural	Meaning
7 & 8	**isi**gqoko	**izi**gqoko	hat
	ibhulukwe		
	ihembe		
	ingubo		
	isiketi		
	ijezi		
	ibhantshi		
	isokisi		
	isicathulo		
	uthayi		
	ibhande		

isiketi

ijezi

ibhantshi

ijazi lemvula

Note

Verbs associated with clothes:

-gqoka	wear, get dressed
-khumula	loosen, untie, undress
-geza	wash
-thenga	buy
-thunga	sew
-lungisa	make good/put right/correct

Use these verbs to make some sentences of your own.

SECTION 2   EXPRESSING TIME

• SEASONS OF THE YEAR (IZIKHATHI ZONYAKA)

ukwindla	→	**e**kwindla	in autumn
ubusika	→	**e**busika	in winter
intwasahlobo	→	**e**ntwasahlobo	in spring
ihlobo	→	**e**hlobo	in summer

• MONTHS OF THE YEAR (IZINYANGA ZONYAKA)

uJanuwari	uJulayi
uFebruwari	u-Agasti
uMashi	uSeptemba
u-Apreli	u-Okthoba
uMeyi	uNovemba
uJuni	uDisemba

Note

i)   **ngo**Januwari   **in** January
     nguJanuwari   **it is** January

• DAYS OF THE WEEK (IZINSUKU ZEVIKI)

uMsombuluko	Monday	(-sombuluka	unroll, unravel)
uLwesibili	Tuesday	(-bili	2)
uLwesithathu	Wednesday	(-thathu	3)
uLwesine	Thursday	(-ne	4)
uLwesihlanu	Friday	(-hlanu	5)
uMgqibelo	Saturday	(-gqiba	cover up, bury, finish, complete)
iSonto	Sunday	(isonto	church)

Note

i) **ngo**Msombuluko   **on** Monday   ⎫
   nguMsombuluko   **it is** Monday   ⎬ for all days except **Sunday**
     ⎭

ii) **nge**Sonto   **on** Sunday
   yiSonto   **it is** Sunday

• TIMES OF THE DAY (IZIKHATHI ZOSUKU)

emini   **in** the day
ebusuku   **at** night
ekuseni   in the morning
ntambama   in the afternoon
kusihlwa   in the evening

• HOURS OF THE DAY (AMAHORA OSUKU)

Generally, the English numerals are used to tell the time of day, the Zulu numbers being long and complicated.

Note

i) **Nga**sikhathi sini?   **At** what time?
   Nini?   When?
   Ngo 6   **At** 6 o'clock

ii) **Yi**sikhathi sini?/Ngubani isikhathi   **What is** the time?
   Ngu 2.15   **It is** 2.15

Study the following examples:

Uhamba ngasikhathi sini?   Ngihamba ngo 8.
Ibhasi lifika nini?   Lifika ngo 8.30.
Yisikhathi sini?   Ngu 12.30.

• OTHER USEFUL WORDS RELATING TO TIME

namhlanje   today
izolo   yesterday
kusasa   tomorrow
ngelinye ilanga   one day
zonke izinsuku   every day
ilanga lonke   the whole day
ngaleli viki   (in) this week
ngale nyanga   (in) this month

ngalo nyaka	(in) this year
evikini	in the week
ngempelasonto	on the weekend

Note

| 3 & 4 | umnyaka | iminyaka | year |

The **m** in **um**nyaka may be omitted → **u**nyaka.

UMSEBENZI 12

Translate into English

1. Kuyabanda **ebusika** kodwa **ehlobo** kuyashisa!
2. Kumnandi **entwasahlobo** kodwa umoya uvunguza kakhulu **ekwindla**.
3. Izikole zivala **ngo**Disemba **nango**Januwari.
4. **Ngo**Msombuluko, **ngo**Lwesibili, **ngo**Lwesithathu, **ngo**Lwesine **nango**Lwesihlanu siyasebenza.
5. **Ngo**Mgqibelo siya edolobheni.
6. **Nge**Sonto siya esontweni.
7. Abantwana bayafunda **ekuseni**. Badlala imidlalo **ntambama**.
8. Ubaba ufika ekhaya **ngo** 6 **kusihlwa**.
9. "Uxolo!Yisikhathi sini, nkosikazi?" "**Ngu** 5.10"
10. Ngizama ukukhuluma isiZulu **zonke izinsuku**.

SECTION 3 COUNTING (UKUBALA)

As mentioned earlier, the Zulu numbers are complicated. In the case of counting, the verb link (in front of the number) will also vary according to what is being counted.

| Abantu **ba**bili | the people are two |
| Izimoto **zim**bili | the cars are two |

inye ... zimbili
.... zintathu

The numbers 1 - 10 are given below to familiarize the student with the basic Zulu numbers. However the English numerals are used a great deal.

1.	-nye	6.	**isi**thupha
2.	-bili	7.	**isi**khombisa
3.	-thathu	8.	**isi**shiyagalombili
4.	-ne	9.	**isi**shiyagalolunye
5.	-hlanu	10.	**i**shumi

Class 7

Class 5

Note

i) The numbers 1 - 5 are adjective stems.
The numbers 6 - 10 are nouns.

ii) **Uyakwazi ukubala?**
Yebo, ngiyakwazi!
Lalela... 1 - 10.
Do you know how to count?
Yes, I do know how to.
Listen ... 1 - 10

AMAGAMA

NOUNS

Class

7	**isi**bhedlela	hospital
5	**i**khemisi	chemist
5	**i**pulazi	farm
5	**i**yunivesithi	university
–	**u**lwandle	sea
9	**i**mini	daytime/at noon
–	**ubu**suku	night
5	**i**rediyo	radio
–	**u**sizo	help
9	**i**ntaba	mountain
5	**i**tafula	table
9	**i**ngadi	a garden
5	**i**bhange	a bank
5	**i**posi	post, post office
5	**i**gedlela	kettle
5	**i**kamelo	room
1	**um**ngane	friend
9	**i**ndlela	road, way

5	**i**langa	sun, day
3	**um**bhede	bed
5	**i**jele	prison, jail
9	**i**nyoni	bird
3	**umu**thi	medicine
5	**i**bhotela	butter
5	**i**khishi	kitchen
1a/5	**u**mabonakude/**i**thelevishini	television set
5	**i**friji	fridge
9	**i**ndawo	place, locality
1a	**u**malume	uncle (maternal)
5	**i**-ofisi/**i**hhovisi	office
5	**i**ncwadi	letter
10	**izi**mpahla zokugqoka	clothes
7	**isi**gqoko	hat
5	**i**bhulukwe	trousers (pair of)
5	**i**hembe	shirt
9	**i**ngubo	dress
7	**isi**cathulo	shoe
7	**isi**keti	skirt
5	**i**jezi	jersey
5	**i**bhantshi	jacket
1a	**u**thayi	tie
5	**i**jazi lemvula	raincoat
3	**u(m)**nyaka	year
9	**i**nyanga	month, moon, herbalist
5	**i**viki	week
–	**u**suku/**izin**suku	24 hr day
5	**i**hora	hour
–	**u**kwindla	autumn
9	**i**ntwasahlobo	spring
5	**i**hlobo	summer
5	**i**sonto	church
9	**i**mpelasonto	weekend
3	**um**dlalo	game

VERBS

-bhala	write
-beka	put, place
-lala	lie down, sleep
-gibela	ride, get on
-khipha	take out, withdraw

-gcoba	spread (on)
-vakashela	visit
-qaphela	beware of
-xoxa	chat
-thwala	bear, carry
-gqoka	wear, get dressed
-posa	post
-nika	give
-pha	give
-khumula	undress, loosen
-thunga	sew
-lungisa	repair, mend
-qeda	finish (doing something)
-gqiba	bury/cover up, finish, complete
-banda	be cold (things)
-zama	try, strive
-bala	count
-cela	request

GENERAL

ePitoli	to Pretoria
KwaZulu	from the 'Land of the Zulu'
eMelika	from America
eNgilandi	in England
abantu aba**ningi**	many people
konje	by the way
kuphi?	whereabout?
mina	as for me
kuhle	good, well done
nawe	you (singular) too
na-/ne-/no-	and
kuqala	firstly
thina	as for us
emuva kwalokho	afterwards, later
bakhathele	they are tired
lapho	there
ekuseni	in the morning
ntambama	in the afternoon
kusihlwa	in the evening
izolo	yesterday
ngelinye ilanga	one day
zonke izinsuku	every day
ilanga lonke	the whole day

kuleli viki	in this week
kule nyanga	in this month
kulo nyaka	in this year
e**vikini**	**in** the week
ngempelasonto	**on** the weekend
kuyabanda	**it is** cold
kuyashisa	**it is** hot
kumnandi	**it is** pleasant
uyakwazi uku...?	Can you...?

For **months** of the year and **days** of the week see page 72.

SECTION 1   NA- AND NGA-

Both **na-** and **nga-** have several meanings and are used a great deal.

NA-

I)   **and** (joining nouns)
ii)   **with** (together with)
iii)   **have** (possession)

NGA-

I)   **with/by** (by means of)
ii)   **about** (concerning)
iii)   to indicate **time** and **place**

Note

i)   The **a** of **na-** and **nga-** combines with the initial vowel of the noun, with which it is used as follows:

a + a	→	a	namanzi	and water
a + i	→	e	nekhofi	and coffee
a + u	→	u	nobaba	and father

ii)   Nouns begin with the vowels **a, i** or **u.**

iii)   Class 2a: **a + o   →   o**

THREE USES OF NA-

• **NA- : AND** (JOINING NOUNS)

Study the following examples

na-	+	amanzi	→	**na**manzi	**and** water
na-	+	ikofi	→	**ne**khofi	**and** coffee
na-	+	ubaba	→	**no**baba	**and** father

Sheka u-oyela **na**manzi	Check the oil and water
Kukhona itiye **ne**khofi	There is tea and coffee
Ngibingelela umama **no**baba	I greet mother and father

Note
Na- (and) can be translated as **also/too**
NoMary ufuna ukuhamba   **and** Mary/Mary **too** wants to go

UMSEBENZI 1

Join the following nouns using na- (and) and translate

1.	isinkwa	+	**a**manzi
2.	isinkwa	+	**i**bhotela
3.	isinkwa	+	**u**bisi
4.	umntwana	+	**a**bazali
5.	u-oyela	+	**i**bhethri
6.	uNomusa	+	**u**Themba
7.	intombazane	+	**u**mfana
8.	amantombazane	+	**a**bafana
9.	izicathulo	+	**i**sigqoko
10.	isiZulu	+	**i**siBhunu

UMSEBENZI 2

Join the following nouns using na- (and) and translate

1.	Omama	+	obaba
2.	Obhuti	+	osisi
3.	Abafowethu	+	odadewethu
4.	OSipho	+	oThandi
5.	Ogogo	+	otatomkhulu

UMSEBENZI 3

Translate the following nouns and join, using na- (and)

1.	time	+	money
2.	bank	+	post office
3.	man	+	woman
4.	men	+	women
5.	fire	+	wind
6.	trousers	+	shirt
7.	door	+	windows
8.	knives	+	spoons
9.	brother	+	Sipho and others
10.	money	+	power

UMDLALO • A GAME

Together with a partner, practise using **na-** to join two nouns. The nouns may be given in:

i)   Zulu (where **sound** is important, **na-**, **ne-**, or **no-**)
ii) English (to improve **vocabulary**)

Once the use of **na-**, **ne-** and **no-** becomes more familiar, a verb should be introduced to make the example more meaningful.

Ngifuna ummese + imfologo   →   Ngifuna ummese **ne**mfologo
Thela ushukela + ubisi   →   Thela ushukela **no**bisi
Thenga isinkwa + amaqanda   →   Thenga isinkwa **na**maqanda

Note

Study the following examples

i)   UThemba noSipho **ba**yasebenza   Themba and Sipho (they) are working

ii)   Inja nenyoka **zi**yalwa   The dog and the snake (they) are fighting

iii) Amadoda namakhosikazi **a**yafika   The men and the women (they) are arriving

Generally the verb link for **people** is **ba-** and for **animals/things zi-**. However, if the two nouns are in the same class, the verb link of that class is used.

UMSEBENZI 4

Fill in the correct verb link and translate

1.   Umama nobaba .... yasebenza
2   Ithekisi nebhasi .... fika ngo 8 ekuseni
3.   UThandi noSipho .... dlala ngaphandle
4.   Amadoda nabafazi .... sebenza epulazini
5.   Abafana namantombazana .... yadlala

Note

Na- (and) cannot be used to join verbs.

I get up **and** get dressed   Ngiyavuka, ngigqok**e**

This is altogether a different construction and will not be dealt with here.

However **na-** (and) may be used with the infinitive (**uku-**).

I like to work and to play   Ngithanda ukusebenza **no**kudlala

UMSEBENZI 5

Translate into zulu

1. We are learning to write **and to** speak Zulu
2. People like to eat **and to** drink
3. Children like to play **and to** run
4. In the weekend we like to rest **and to** sleep
5. I know how (can) to speak **and to** read Zulu

• NA- : (TOGETHER) **WITH**

Study the following examples

Ngikhuluma **na**bangane	I talk **with/to** friends
Ngidlala **ne**nja	I play **with** the dog
Ngisebenza **no**Zodwa	I work **with** Zodwa

UMSEBENZI 6

Complete the following sentences using na- (with) and translate

1. Ngifuna ukukhuluma .... (uThandi)
2. Abantwana bagoduka .... (abazali)
3. Indoda ihamba entabeni .... (inja)
4. ULizo usebenza .... (ubaba)
5. Amantombazane adlala .... (abafana)

Note

i) **Na-** (with) may be used with **ubani** (who)

Ngikhuluma **no**bani?	With whom am I speaking?
Uhlala **no**bani?	With whom do you live/stay?

UMSEBENZI 7

Answer the following questions using the noun in brackets and translate

1. Uxoxa **no**bani? (uJenny)
2. UZodwa uhlala **no**bani? (umngane)
3. Abantwana badlala **no**bani? (abangane)
4. Ufuna ukukhuluma **no**bani? (Nomusa)
5. Ubhuti usebenza **no**bani? (uThemba noLizo)

• NA-: HAVE

Study the following examples

Ngi**na**bantwana	I **have** children
Ngi**ne**moto	I **have** a car
Ngi**no**mngane	I **have** a friend

Note
i)   -na- does not stand on its own.
ii)   There is no -ya-!

UMSEBENZI 8

Use the following nouns as indicated in the example

Imali: Nginemali   I have money
1.   Umntwana   6.   Indlu
2.   Abantwana   7.   Abangane
3.   Inja   8.   Isitembu
4.   Amakati   9.   Ubisi
5.   Umsebenzi   10.   Iphephandaba

UMSEBENZI 9

Use the following nouns as indicated in the example

ibhayisikili: Unebhayisikili? Yebo, nginebhayisikili.
1.   umsebenzi
2.   isikhathi
3.   ithikithi
4.   isibhamu
5.   izincwadi

Study the following examples

UThemba **u**nebhayisikili   Themba (he) has a bicycle
Abantwana **ba**namabhayisikili   The children (they) have bicycles
Intombi **i**nebhayisikili   The young woman (she) has a bicycle

Note
The verb link comes immediately before **-na-** (have).

UMSEBENZI 10

Complete the following using the correct verb link with -na- (have) and then translate

1.   Indoda .... (imoto)
2.   UMary .... (umntwana)
3.   Izintombi .... (abangane)
4.   Ubaba .... (ipulazi)
5.   Omakhelwane .... (izinja)

UMSEBENZI 11

Answer the following questions as shown in the example

UThemba **une**moto?
Yebo, **une**moto   Yes, he **has** a car

1. Umntwana **una**bazali?
2. Abafundi ba**ne**zincwadi?
3. Indoda **ino**msebenzi?
4. Abantwana ba**ne**zicathulo?
5. Wena, **une**bhantshi?

Note

-na- (have) may be used with **-ni** (what) as follows:

Unani? lit: What do you **have**/ What have you **got**?/ What is troubling
           you? What is wrong with you?

Unani?	**What is wrong with you?**
Ngi**ne**khanda	I **have** a head(ache)
Ngi**ne**sisu	I **have** a stomach(ache)
Ngi**ne**sifuba	I **have** a (bad) chest
Ngi**ne**mfiva	I **have** a fever

UMSEBENZI 12

Answer the following questions using the noun in brackets and translate

1. U**na**ni?   (ikhanda)
2. Umntwana u**na**ni?   (isifuba)
3. Intombi i**na**ni?   (umona)
4. UThemba u**na**ni?   (isithuthuthu)
5. Umfana u**na**ni?   (inkinga)

Note

The following expressions use -**na**- (have).

i)   U**ne**minyaka emingaki?   You **have** how many years?
                                          How old are you?

ii) U**na**bantwana abangaki?   You **have** how many children?
                                          How many children do you have?

-**ngaki?** (how many) is an adjective and thus has its own set of links.
Merely use the English numerals in replying.

UMDLALO • A GAME

The same game played with na- (and) may be played with -na- (have).

i)   One person should give a Zulu noun such as **ikati** to which the other person would reply **nginekati**.

ii) Two Zulu nouns such as **umntwana + ikati**, should be given, and the other should reply **umntwana nekati.**

UMSEBENZI 13

Complete the following using na- and translate into English

na-   and
na-   (together) **with**
-na-   have

1.   Abazali ... (abantwana) bayeza
2.   Ngiyakwazi ukukhuluma ... (ukubhala) isiZulu
3.   USipho ukhuluma ... (intombi)
4.   UNomusa ... u- ... (ikhanda)
5.   Ngi ... (inkinga)

Note

The following idiomatic expressions use -**na**- (have)

(Both literal and idiomatic meanings are given)

1.   U**ne**khanda   He has a head
                                  He is clever

2.   U**ne**liso   He has an eye
                                  He has an expert eye

3.   U**no**mlomo   He has a mouth
                                  He talks too much

4. Unolimi

He has a tongue

He is bearer of tales/He gossips

5. Unesandla

He has a hand

He is an expert at a particular craft

He is a thief

THREE USES OF NGA-

• NGA- : WITH/BY (BY MEANS OF)

Study the following examples

Ngigeza **nga**manzi	(ng**a** + **a**manzi)	I wash **with** water
Ngibhala **nge**pensele	(ng**a** + **i**pensele)	I write **with** a pencil
Ngisika **ngo**mmese	(ng**a** + **u**mmese)	I cut **with** a knife

UMSEBENZI 14

Complete the following using nga- (with/by) and translate

1. Sidla .... (ummese) nemfologo
2. Sigeza .... (amanzi) nensipho
3. Umfana uhamba .... (imoto) noma (isitimela)
4. Abantwana bahamba .... (izinyawo)
5. Indoda ibamba ubaba .... (isandla) i.e. shakes hands
6. Sithenga izimpahla .... (imali)
7. Ukhetha ukubhala .... (ipensele) noma .... (ipeni)?
8. Abantwana bathanda ukudla .... (izandla)
9. Sika isinkwa .... (ummese)
10. Gcwalisa igedlela .... (amanzi)

Note

Nga- (with/by) may be used with **-ni** (what)

Uhamba **nga**ni?	Ngihamba **nge**moto
Ukhokha **nga**ni?	Ngikhokha **nge**khadi
Ubhala **nga**ni?	Ngibhala **nge**pensele

Note

Ukuhamba:	To go or travel
ngemoto	**by** car
ngebhasi	**by** bus
ngethekisi	**by** taxi
ngebhayislkili	**by** bicycle
ngesithuthuthu	**by** motorbike
ngesitimela	**by** train

ngebhanoyi/ngendiza	by aeroplane
ngomkhumbi	by ship
ngezinyawo	by foot

UMSEBENZI 15

Answer the following questions using the noun in brackets and translate

1. UPeter uhamba **nga**ni ukuya emsebenzini? (isithuthuthu)
2. Abantwana baya esikoleni **nga**ni? (izinyawo)
3. Inkosikazi ikhokha **nga**ni? (isheke)
4. Ubhala **nga**ni? (ipeni)
5. Izinsizwa zithanda ukuhamba **nga**ni? (ithekisi)

Note

i) Uhamba ngani ukuya emsebenzini?
   Uya emsebenzini ngani? } How do you go to work?

ii) KHOKHA: PAY:
   ngekhadi   **by** card
   ngesheke   **by** cheque
   ngokheshi   **by** cash
   Thenga **nge**-akhawunti   Buy **on account**

Learn the following

i) Uthini **nge**siZulu?   What do you say **in** Zulu?
   Yini le **nge**siZulu?   What is this **in** Zulu?
   Ngubani igama lakho **nge**siZulu   What is your name **in** Zulu?

ii) Sikhokha **ngo**suku   We pay **by** the day
    Sikhokha **nge**viki   We pay **by** the week
    Sikhokha **nge**nyanga   We pay **by** the month

iii) Thela uphetroli **ngo**R50   Pour in petrol **with** R50 (worth)

iv) Mpompa amasondo **nge** 2 bar   Pump the wheels **with** 2 bars

v) Funda **nge**khanda   Learn **by** heart (literally by head)

vi) Hamba **ngo**xolo   Go **in** peace

vii) **nga- + noun**
   nga + amandla   → **nga**mandla   strongly/fast
   nga + ilishwa   → **nge**lishwa   unfortunately
   nga + inhlanhla → **nge**nhlanhla fortunately
   nga + ukushesha → **ngo**kushesha quickly

• NGA- : ABOUT (CONCERNING)

Study the following examples

Ngikhuluma **nga**bafana	I am talking **about** the boys
Ngikhuluma **nge**ntombi	I am talking **about** the young woman
Ngikhuluma **ngo**Lindiwe	I am talking **about** Lindiwe

UMSEBENZI 16

Complete using nga- (about), and translate

1. Inkosikazi ibuza (ubaba)
2. ONono bakhuluma (isikole)
3. ULindile ubhala (iholide) epulazini
4. Abantwana bafunda (izinyoka) esikoleni
5. Amantombazane axoxa (abafana)

Note

i) **Nga**- (about) may be used with **-ni** (what) and **bani** (who)

Ukhuluma **nga**ni?	What are you talking **about**?
Ukhuluma **ngo**bani?	Whom are you talking **about**?

ii)

Ngitshele **nga**	Tell me **about**
Ngitshele **nge**holide	Tell me **about** the holiday

iii)

Ngiyabonga **nga**	Thank you **for** ....
Ngiyabonga **nge**sipho	Thank you **for** the gift

UMSEBENZI 17

Answer the following questions and translate

1. Uthisha ukhuluma **ngo**bani? (uThandi)
2. Umfana ubuza **nga**ni? (ingozi)

*Complete the statement using **nga**- (about) and translate.*

3. Ngitshele (umsebenzi) wakho!
4. Ngiyabonga kakhulu (usizo)!
5. Ngiyabonga kakhulu (imali)!

• NGA- : TO INDICATE TIME AND PLACE

Note the following examples

TIME

ngasikhathi sini?	**at** what time?
ngo 10 o'clock	**at** 10 o' clock.
ngoMsombuluko	**on** Monday
ngoJanuwari	**in** January
ngo1994	**in** 1994
ngempelasonto	**on** the weekend

PLACE

ngaphandle	outside
ngaphakathi	inside
ngaseThekwini	in the vacinity of Durban
ngasolwandle	near the sea
ngapha	in this direction

-nga

The use of **-nga-** to indicate **may/can** (permission)

Ngi**nga**ngena?	**May** I come in?
Ngi**nga**khuluma noMary?	**May** I speak to Mary?
Ngi**nga**kusiza?	**Can** I help you?
U**nga**hamba uma ufuna.	You **may** go if you want to

It is clear from the above examples that **-nga-** (may/can) is used differently from the other **nga-**.

-ya- is not used with **-nga-**.

Read the following passage aloud several times and then answer the questions

UNomusa uhamba **nge**thekisi *(Nomusa travels **by** taxi)*

UNomusa uya emsebenzini **nge**thekisi. Uthi uthanda ukuxoxa **na**bantu ethekisini. Baxoxa **ngo**msebenzi, **nge**khaya **nanga**bangane. UNomusa uya**ba**tshela ukuthi ufunda ukukhuluma **no**kubhala isiNgisi emsebenzini. **Ngo**5.30 ntambama ubuyela ekhaya **na**bangane futhi.

UThemba, yena, u**ne**sithuthuthu. Uthi ukhetha ukuhamba **nge**sithuthuthu ngoba siyashesha.

Abantwana, bona , bahamba **nge**zinyawo ukuya esikoleni.

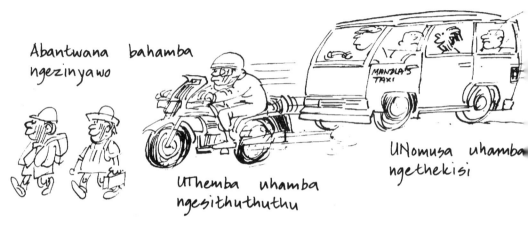

Abantwana bahamba ngezinyawo

UThemba uhamba ngesithuthuthu

UNomusa uhamba ngethekisi

Amagama

uyabatshela	she tells **them**	ukuthi	that
yena	as for him	bona	as for them
ngoba	because	–buyela	return to

UMSEBENZI 18

Phendula imibuzo

1. UNomusa uya ngani emsebenzini?
2. Uthanda ukwenzani ethekisini?
3. Baxoxa ngani?
4. UNomusa ufundani emsebenzini?
5. Babuyela ekhaya ngasikhathi sini?
6. UThemba, yena, unani?
7. Uthi ukhetha ukuhamba ngesithuthuthu.
   Kungani? (...ngoba...)
8. Abantwana, bona, bahamba ngani ukuya esikoleni?
9. Wena uyakwazi ukugibela isithuthuthu?
10. Wena, uhamba ngani ukuya emsebenzini?

SECTION 2 THE ABSOLUTE PRONOUN

Person	Absolute Pronoun	Noun	Verb
1st	Mina		ngiyasebenza
	Thina		siyafunda
2nd	Wena		uyahamba
	Nina		niyasala
3rd (Classes)			
1	Yena	umfazi	uyathunga
2	Bona	abafazi	bayapheka
1a	Yena	uThandi	uyazama
2a	Bona	oThandi	bayaxoxa
3	Wona	umshini	uyasebenza
4	Yona	imishini	iyasebenza
5	Lona	ikati	liyaphuza
6	Wona	amakati	ayaphuza
7	Sona	isitimela	siyafika
8	Zona	izitimela	ziyahamba
9	Yona	inja	iyaluma
10	Zona	izinja	ziyakhonkotha

Note

i)   The absolute pronoun translates **as for me, as for you**. etc.
     It emphasizes the verb link.

ii) It can be used with or without the noun.
     UThemba **yena** uyahamba
     Yena uyahamba

iii) It can stand on its own, unlike the verb link, and may come before
     or after the noun.
     Yena umfazi or Umfazi **yena**

iv) Each class has its own absolute pronoun.

     Classes 1 and 1a   **yena**
     Classes 2 and 2a   **bona**   } generally people

     Classes 5 + 6   **lona/wona**
     Classes 9 + 10   **yona/zona** } generally things or animals

UMSEBENZI 19

Fill in the correct absolute pronoun and translate

1. Ubhuti .... uyahleka
2. Abantwana.................. babanga umsindo
3. Umntwana .... uqamba amanga
4. OThandi .... bacela ukhiye
5. Intombi .... iyakhala
6. Izintombi .... ziyaphumula
7. Isitimela .... siyafika
8. Izitimela .... zifika leyithi namhlanje
9. Ubaba .... usebenza edolobheni
10. Omakhelwane ....bayathutha

UMSEBENZI 20

Fill in the missing absolute pronoun

ULindi: Sawubona Thandi! Kunjani?

UThandi: Yebo, sawubona Lindi! Ngiyaphila .... unjani?

ULindi: Cha, ... ngisaphila.

             Umyeni wakho....................... unjani?

UThandi: Cha, uyaphila.

ULindi: Abantwana .... banjani?

UThandi: Cha, bayaphila .... ninjani ekhaya?

ULindi: Cha, ... siyaphila

THE ABSOLUTE PRONOUN USED WITH NA- AND NGA-

Study the following examples

UThemba na**mi**	Themba and **I**
Ngifuna ukuhamba na**we**	I want to go with **you**
Sina**yo** (imoto)	We have **it/one** car
Sihamba nga**yo** (imoto)	We travel by **it** (Car)
Ngikhuluma nga**ye** (UNomusa)	I am talking about **her** (Nomusa)
Ngikhuluma nga**bo** (oNomusa)	I am talking about **them** (Nomusa + others)

Note

Ku- (**to, from, with**) can also be used as above

Isipho sivela ku**ye** (umama)	The gift comes from **her** (mother)
Isipho sivela ku**bo** (abazali)	The gift comes from **them** (parents)
Ngiya ku**yo** (indlu)	I am going to **it** (the house)

NB:

Thus when **na-, nga-** or **ku-** is prefixed to the absolute pronoun, the final **-na** is dropped.

UMSEBENZI 21

Translate

1. Do you want to talk **to me**?
2. Yes, I want to talk **to you**
3. **I too**, am coming
4. **We too**, are well
5. We are talking **about him**
6. The letter comes **from them**
7. Do you **have** money? Yes, I **have it**
8. Do you (plural) **have** children? Yes, **we have (them)**
9. Are you going **by** aeroplane? Yes, I am going '**by it**'
10. **May** we meet **with you** (plural) tomorrow?

Note

Some verbs are followed by **na**-:

-hlangana	+	na-	meet (with)
-fana	+	na-	be similiar (to)
-shada	+	na	marry (to/with)

UMSEBENZI 22

Give the correct form of the word in brackets and translate

1. Ngifuna ukuhlangana (wena) kusasa
2. Umntwana ufana (uyise). Ufana (yena)
3. UJabu ushada (uThandi). Ushada (yena)
4. UThandi uhlangana (abangane). Uhlangana (bona)
5. Intombi ifana (unina). Ifana (yena)

INGXOXO

*UThandi uhlangana **na**bangane (Thandi meets **with** friends)*

UThandi:	Sanibonani!
Abangane:	Sawubona Thandi!
UThandi:	Ninjani?
Abangane:	Sikhona. Wena unjani?
UThandi:	Ngikhona. Nixoxa **nga**ni?
Abangane:	**Nga**bantwana, **ngo**msebenzi, **nange**mali, njalo, njalo.
UThandi:	O, ngiyabona. Ngi**nga**hlala phansi?
Abangane:	Yebo, hlala lapha Thandi!
	(uThandi uhlala phansi **na**bangane)
Abangane:	Wena, u**na**bantwana Thandi?
UThandi:	Yebo, ngi**na**bo.

Abangane:	Bangaki?
UThandi:	Babili - umfana **ne**ntombazanane.
	Bona, bayafunda.
Abangane:	Bahamba **nga**ni ukuya esikoleni?
UThandi:	Bahamba **nge**zinyawo.
Abangane:	Wena, uyasebenza?
UThandi:	Yebo, ngiyafundisa.
Abangane:	Uya **nga**ni emsebenzini?
UThandi:	Ngihamba **nge**thekisi noma **nge**bhasi.
Abangane:	Nina, ni**ne**moto?
UThandi:	Yebo, si**na**yo kodwa uphethroli uyadula! Umyeni wami,
	yena, uhamba **nga**yo.
Abangane:	Yiqiniso! **Na**thi sikhala **nge**mali. Yonke into iyadula namh-
	lanje. Si**nga**thini?
UThandi:	Hhawu! Isikhathi sihambile! Abantwana babuya esikoleni
	ngo 2.
Abangane:	Uhambe kahle Thandi!
UThandi:	Nisale kahle nani!

Note

i) Bayafunda — they are studying that is, they are (still) 'at school'

ii) Uhamb**e** kahle — you (singular) should go well
Nisal**e** kahle — you (plural) should stay well
This form of saying goodbye is used a great deal

UMSEBENZI 23

Translate into Zulu

Thandi greets (her) friends. They are chatting. They are chatting **about** children, **about** work, **about** money. etc. She sits down **with** them. They ask questions. Thandi answers. She says she **has** children - a boy **and** a girl. As for them, they are at school (they are studying). They go to school **on** foot. Thandi, as for her, she teaches. She goes to work **by** taxi, or **by** bus. (Her) husband, as for him, he travels **by** car, but petrol is expensive. The friends, they **too**, are complaining **about** money. Everything is expensive today. What **can** we do? Thandi goes home because it is late. The children return from school **at** 2 o' clock. She says goodbye (she greets).

INGXOXO

Efonini (on the telephone)

Ifoni iyakhala.

Inkosikazi: Hallo!

UThemba: Hallo! Ngi**nga**khuluma noThandi?

Inkosikazi: Ngiyaxolisa, akekho.

UThemba: Ubuya nini?

Inkosikazi: **Ngo** 2 ntambama.

UThemba: Kulungile, ngi**nga**shiya umyalezo?

Inkosikazi: Yebo ngokuqinisekileyo.

UThemba: NginguThemba Khumalo. UThandi u**na**yo inombolo yami.
               Angangifonela kusihlwa ekhaya noma kusasa emsebenzini.

Inkosikazi: Kulungile, ngizomnika umyalezo.

UThemba: Ngiyabonga. Ngikhuluma **no**bani?

Inkosikazi: Umama wakhe.

UThemba: Ngiyabonga mama. Bhabhayi.

Inkosikazi: Bhabhayi!

NB

Uxolo!   Sorry/excuse me/ I beg your pardon (**apology**)

Ngiyaxolisa!   I am sorry!

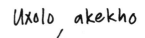

UMSEBENZI 24

Phendula le mibuzo

1. UThemba ufuna ukukhuluma nobani?
2. Ukhona?
3. Ubuya nini?
4. UThemba ucela ukwenzani?
5. UThandi unayo inombolo **ka**Themba? **(of)**
6. UThemba ukhuluma nobani efonini?

Nika isiZulu

7. May I speak to Jabulani?
8. Certainly!
9. To whom am I speaking?
10. May I leave a message?

Now try to write your own telephone conversation

Useful phrases for the telephone:

• Ngi**nga**khuluma noThandi?	**May** I speak to Thandi?
Ngicela ukukhuluma **no**Thandi?	I request to speak **to** Thandi?
• UThandi ukhona?	Is Thandi there?
• Yebo, ukhona!	Yes he/she is here!
• Cha, akekho	No, he/she is not here!
• Ngizo**m**biza	I shall call **him/her**
• Ngikhuluma **no**bani?	**To** whom am I speaking?
• **Ngu**Themba okhulumayo	**It is** Themba who is speaking
• Ngicela u**m**nike umyalezo	Please give **him/her** a message
• Nansi inombolo yami	Here is my number
• Ngiyabonga kakhulu!	Thank you very much/ I am grateful!

AMAGAMA

NOUNS

Class

3	**um**mese	knife
9	**i**mfologo	fork
7	**u**khezo/**isi**puni	spoon
5	**i**thekisi	taxi
5	**i**bhayisikili	bicycle
9	**i**mfiva	fever
3	**um**ona	jealousy
7	**isi**thuthuthu	motorbike

9	inkinga	problem
5	ipensele	pencil
5	ipeni/usiba	pen
9	insipho	soap
7	isitimela	train
5	ibhanoyi	} aeroplane
9	indiza	
3	umkhumbi	ship
5	isheki/isheke	cheque
1a	ukheshe	cash
5	i-akhawunti	account
–	uxolo	peace
3	umkhuba	habit
5	ilishwa/ishwa	misfortune
9	inhlanhla	good fortune/luck
–	ukushesha	hurrying
1a	umakhelwane	neighbour
5	iholide	holiday
9	inyoka	snake
–	ntambama	afternoon
1	umyeni	husband
1a	uyise	his/her/their father
1a	unina	his/her/their mother
5	iqiniso	truth
9,-	ifoni, ucingo	telephone
3	umyalezo	message
9	inombolo	number

VERBS

-lwa	fight
-phumula	rest
-bamba	hold, catch, arrest
-khetha	prefer, choose
-sika	cut
-fika	arrive
-khokha	} pay
-bhatala	
-tshela	tell
-bamba	hold, catch
-khonkotha	bark
-thutha	move house
-hlangana + na	meet (with)

-fana + na-	be similiar (to)
-shada + na-	marry (to/with)
-fundisa	teach
-khala	complain, cry, ring
-buya	return from
-buyela	return to
-shiya	leave (behind)
-fona	phone
-fonela	phone to
-bonga	be grateful/thank/praise
-banga umsindo	make a noise

GENERAL

-ngaki?	how many? (adjective)
le	this (class 4 nouns)
ngamandla	strongly/fast
ngokujwayelekile	usually
ngelishwa	unfortunately
ngenhlanhla	fortunately, luckily
ngokushesha	quickly
ukuthi	that
uma	if/when
futhi	again
yena	as for him/her
bona	as for them
ngoba	because
leyithi/ngemuva kwesikhathi	late (lit: behind time)
njalo, njalo	etc. etc
yiqiniso!	It is the truth!
singathi**ni**?	**What** can we say/do?
isikhathi sihamb**ile**	The time **has** gone.
ngiyaxolisa	I am sorry
ukhona?	Is he/she present/here/there
akekho	he/she is not present/here/there
ngokuqinisekileyo	certainly
anga**ngi**fonela	she/he can phone **me**
noma	or
ngizo**m**nika	I shall give **him/her**
bhabhayi	bye-bye
nani	and you (pl)

SECTION 1   NOUN CLASSES 11, 14 & 15

Study the following examples

Ngifuna	**ulu**thi	I want a stick
Ngithanda	**ubu**hle	I like beauty
Ngithenga	**uku**dla	I buy food

i)   The last three classes (11, 14 and 15) form a unit at the end of the list of noun classes. They can be referred to as the **ulu- ubu- uku-** classes, according to their prefixes

ii)   Notice that there are no classes 12 or 13 in Zulu. But, because all African, or Bantu languages have the same class system, the numbers 12 and 13 are left intact to allow for comparison.
     * A linguistic term for the languages of the people of Africa.

CLASSES 11 & 10

Prefixes: ulu- or **u-** & **izi-, izin-, izim-**

Class 11 (singular)   **Class 10** (plural)

Stems of one syllable or sound

uluthi

uluthi	**izin**ti	stick
uluju	–	honey
ulufa	**izim**fa	crack
uluhla	**izin**hla	list/row/column

Stems of more than one syllable or sound

unyawo	**izi**nyawo	foot
unwele	**izi**nwele	hair
uzwane	**izi**nzwane	toe
udonga	**izi**ndonga	wall/gully
uthuli	**izi**ntuli	dust
ulimi	**izi**limi	language/tongue
ucingo	**izi**ngcingo	wire, telephone, telegram, fence
uxolo	–	peace
ubisi	–	milk
usizo	–	help
usuku	**izin**suku	day
usizi	**izin**sizi	pity
uhlupho	–	trouble
uthando	–	love
udaka	–	mud
ulwandle	**izi**lwandle	sea

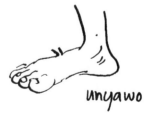

unyawo

ubisi

Note

i)   Nouns of Class 11 take the prefix **ulu-** or **u-** depending on whether or not the stem has one or more syllable.

ii)   The plural, where appropriate, is in class 10.
      Notice the influence of **n**
      *   An **h** is always dropped if there is an **n** in the previous syllable of a word: uluthi   →   izin**ti**
      *   **n** becomes **m** before p, b, f and v   ulufa → izi**m**fa

iii) Class 1a and class 11 nouns both have the prefix **u-**. If unsure, the noun will generally be in class 11. (Class 1a consists of people's names, kinship terms and a few special nouns.)

ICULO • SONG

Luphi ulwandle?	*Where is the sea?*
LuseThekwini	*It is in Durban*
Luphi ulwandle?	*Where is the sea?*
LuseThekwini	*It is in Durban*
Lwenzani?	*What does the sea do?*
Lugubh' amagagasi	*The waves tumble about*
Lwenzani?	*What does the sea do?*
Lugubh' amagagasi	*The waves tumble about*

CLASS 14

No plural
Prefix: ubu-

ubusuku	night
ubusika	winter
ubuso	face
ubuthongo	sleep
ubuhlungu	pain
ubudala	age
ububele	kindness/compassion
ubuntu	humanity
ubuntwana	childhood
ubuzali	adulthood
ubungane	friendship
uboya	wool/hair (of animals or on the body)
utshwala	beer/strong drink
utshani	grass/lawn

Note
Most nouns in class 14 are abstract nouns.

CLASS 15

No plural

Prefix: uku-

ukudla	food, eating
ukufa	death, dying
ukufika	arrival, arriving
ukufunda	learning
ukubhala	writing

ukudla

ukufa

Note

i) All verbs in their basic form, that is, the infinitive (**uku-** + verb stem), fall into Class 15 and can thus also be treated as nouns.

   Ngithanda **ukufunda**   I like **learning** (or books)

ii) If the verb stem begins with a vowel, the prefix **uku-** changes as follows:

Before **a**	**ukw**azi	to know/knowing
Before **e**	**ukw**enza	to make or do/making or doing
Before **o**	**uk**osa	to roast/roasting

iii) **Ukw**indla (autumn) is an exception as it cannot be a verb.

PROVERB • IZAGA

"Ukubona kanye, ukubona kabili"
To see once is to see twice.
Once bitten twice shy.

UMSEBENZI 1

Complete the following table. (Nouns of Classes 11, 14 & 15)

	Class	Singular	Plural	Meaning
1		udonga		
2		ubuntu	–	
3		ukukhuluma	–	
4		ubuhle	–	
5		uxolo	–	
6		ubusika	–	
7		ucingo		
8		ukufa	–	
9		ukwindla	–	
10		ulwandle		

SIGNIFICANT WORDS AND WHAT THEY MEAN

Ubuntu translates as humanity, or 'menslikheid' in Afrikaans, but it means far more than this.

Buntu Mfenyana, a Johannesburg sociolinguist, says that to understand the full meaning of the word **ubuntu** one must first separate the prefix **ubu–** from the word **–ntu.**

Ntu is an ancestor who got society going. He gave us our way of life as human beings. It is a communal way of life which says that society must be run for the sake of all. This requires co-operation, sharing and charity. There should be no widows or orphans left alone – they all belong to someone.

If a man does not have a cow, then give him a cow to milk. There should be no deprived person. "Ubu-" refers to the abstract. So "ubuntu" is the quality of being human. It is the quality, or the behaviour, of ntu society, that is, sharing charitableness, co-operation. It is this quality which distinguishes a human creature from an animal or a spirit. When you do something that is not humane then you are being like an animal.

THE MIND OF SOUTH AFRICA
by Allister Sparks

VERB LINKS FOR CLASSES 11, 14 & 15

Study the following examples

Ucingo **lu**yakhala	The phone (it) is ringing (lit. crying)
Ubusika **bu**yaqala	Winter (it) is starting
Ukudla **ku**yabanda	The food (it) is cold

Once again it is clear that the verb link is derived from the prefix of the noun.

Class 11	**ulu-** or **u-**	$\rightarrow$	**lu-**
Class 14	**ubu-**	$\rightarrow$	**lu-**
Class 15	**uku-**	$\rightarrow$	**lu-**

UMSEBENZI 2

Fill in the correct verb link and translate

1. Ubisi .... yadula
2. Utshwala .... yadula
3. Ukudla .... yadula
4. Ubusika .... yafika
5. Uju .... mnandi

6. .... njani?
7. .... lungile
8. .... mnandi
9. .... yashisa
10. .... yabanda

The 15 Noun Classes

Class	Noun	Prefix	Verb Link
1	um**ntwana** **umu**ntu	um- umu- }	u-
2	**aba**ntu	aba-	ba-
1a	u**baba**	u-	u-
2a	o**baba**	o-	ba-
3	**um**shini **umu**thi	um- umu- }	u-
4	**imi**shini	imi-	i-
5	**ili**fu **i**kati	ili- i- }	li-
6	**ama**fu	ama-	a-
7	**isi**fundo	isi-	si-
8	**izi**fundo	izi-	zi-
9	**i**nja **i**mvula	i(n)- i(m)- }	i-
10	**izi**nja **izi**mvula	izi- izi- }	zi-
11	**ulu**thi u**donga**	ulu- u- }	lu-
(10)	**izin**ti **izin**donga	izin- izin- }	zi-
14	**ubu**suku	ubu-	bu-
15	**uku**dla	uku-	ku-

Note

Strong Classes: Verb link   =   **consonant + vowel**

Weak Classes: Verb link   =   **vowel only** (shaded)

Verb Links with Vowel Verb Stems

Most verb stems begin with a consonant. For example,

-**ha**mba, -**khuluma**, -**thanda**

There are some, however, which begin with a vowel, and are thus called vowel verb stems. These stems begin with the vowels

a, e, or **o.**

-azi	know, know how to
-enza	make, do
-osa	roast

- The infinitive

ukwazi	to know
ukwenza	to make/do
ukosa	to roast

Before **a** and **e**, **u** becomes **w**.
Before **o**, **u** falls away.

- **-ya-**   becomes **-y-**

ngi**y**azi	I know
ngi**y**osa	I am roasting

- When there is no -ya- the **verb link changes** as follows:

  i) Strong verb links: most use the consonant only.

  Abafundi **b**azi yonke into   The students know everything

  ii) Weak verb links

u	→	w	Umfundi **w**azi yonke into
i	→	y	Intombi **y**azi yonke into
a	→	–	Amadoda azi yonke into

SECTION 2   VERB LINKS WITH OTHER PARTS OF SPEECH (NON-VERBS)

Study the following examples

Anjani amasondo?	How are (they) the wheels?
Zinjani izintombi?	How are (they) the young women?
IsiZulu **si**lula	Zulu is easy
IsiNgisi **si**nzima	English is difficult

Note

i) When the verb link is prefixed to these words, it brings along with it the appropriate verb, **is** or **are**.

ii) This word can stand before or after the noun to which it is linked.
IsiZulu **silula** or **silula** isiZulu.

iii) There is no -ya- as the words are not verbs.

SOME WORDS WHICH PREFIX THE VERB LINK

• QUESTION WORDS

-njani?	how?
-phi?	where?

Examples

Unjani uThemba?	How is Themba?
Baphi abantwana?	Where are the children?

• RELATIVE STEMS

-mpofu	poor
-mnandi	nice, sweet, pleasant
-ngcono	better
-banzi	wide
-duma	tasteless
-nzima	heavy/difficult
-lula	light/easy
-luhlaza	green/raw
-manzi	wet
-buhlungu	painful/sore

Amabala

-mnyama	black
-mhlophe	white
-bomvu	red
-luhlaza okotshani	green
-luhlaza okwesibhakabhaka	blue
-phuzi	yellow
-nsundu	brown
-mpunga	grey

The colours

ukudla   kuduma

Examples

IsiZulu **si**lula!	Zulu is easy!
IsiNgisi **si**nzima!	English is difficult!
Imoto **i**mhlophe	The car is white
Unyawo **lu**buhlungu	The foot is sore
Izicathulo **zi**bomvu	The shoes are red

Note

i)   Imoto **i**mhlophe   The car **is** white (**not**: The white car.)

ii)   In English we call these words adjectives. In Zulu they are called relative stems. Relatives prefix the verb link, when used as above. (There are only 18 adjective stems in Zulu. They prefix their own set of links and will not be dealt with.)

• WORDS INDICATING PLACE

phandle	outside
phakathi	inside
phansi	down/below
phezulu	up/above
phambili	in front
emuva	behind/at the back
eceleni	at/on the side, next to

Examples

Abazali **ba**phakathi	The parents are inside
Ilanga **li**phezulu	The sun is high up
Imoto **i**phambili	The car is in front
Izimpahla **zi**semuva*	The goods are in/at the back
Umuthi **u**seceleni*	The tree is on the side

Note

i)   *The **s** is a buffer between the two vowels.

ii)   These words can all prefix **nga**-. (This seems to make the meaning general, rather than specific.)

        ngaphambili   'round about' the front
        ngasemuva   'round about' the back

iii)   When followed by a noun, these words take **kwa-**, **kwe-**, or **ko**- depending on whether the noun begins with **a**, **i** or **u**.

eceleni **kwa**manzi	at the side of the water
ngaphandle **kwe**Ningizimu Afrika	outside South Africa
*phezu **kwe**tafula	on top of the table
*phambi **ko**mnyango	in front of the door

    * These two words drop the last syllable (**-lu, -li**) when followed by a noun.

Other words indicating place

lapha	here
lapho	there
laphaya	over there/yonder
khona	be present/there

Examples

Amanzi **a**lapha	The water is here (in the kitchen)
Indlu **i**lapho	The house is there (next to those trees)
Balaphaya	They are over there (at the river)
Sikhona	We are present (also: we are fine)

Learn the following

i)	Lapha nalaphaya	**Here and there**
ii)	Woza ngapha!	Come **in this direction**
iii)	Bheka laphaya!	Look over **there**
iv)	Ubaba ukhona	Father is **present/here**
v)	Bahlala khona	They live **there/in that place**

NOUNS USED TO EXPRESS PLACE (LOCATIVES)

eGoli	**in** Johannesburg
ekhaya	**at** home
etaful**eni**	**on** the table
emsebenz**ini**	**at** the shop/store

Examples

UThandi **u**seGoli	Thandi is in Johannesburg
Ugogo **u**sekhaya	Granny is at home
Incwadi **i**setafuleni	The book is on the table
Ubaba **u**semsebenzini	Father is at work
Abantwanana **ba**sesikoleni	The children are at school

Note

When a verb link is used with a word expressing **place** which starts with an **e-**, an **-s-** is inserted between the two vowels as a **buffer**. It is called the pre-locative **s**.

Revise all the verb links thoroughly, as well as the vocabulary for this chapter, and then complete the following five exercises.

UMSEBENZI 3

Fill in the correct verb links (Classes 11, 14 & 15) and translate

1. Ukudla .... duma
2. Ubisi ....mhlophe
3. Ubuso ....bomvu
4. Ukukhetha .... nzima
5. Ubusuku ....mnyama
6. Ulwandle ....mpunga
7. Ukubhala....................lula
8. Ukuphila ....nzima
9. Uzwane .... buhlungu
10. Uju .... mnandi.

UMSEBENZI 4

Answer the following questions as shown in the example

	Iphi imoto?	(egaraji)	Isegaraji	It is in the garage
1.	Uphi uThandi?	(endlini)		
2.	Uphi ukhiye?	(emotweni)		
3.	Baphi obaba?	(emsebenzini)		
4.	Iphi inkosikazi?	(esibhedlela)		
5.	Uphi umama?	(ekhishini)		
6.	Liphi ikhaya?	(eThekwini)		
7.	Iphi indoda?	(ejele)		
8.	Luphi ubisi?	(efrijini)		
9.	Buphi utshwala?	(etafuleni)		
10.	Kuphi ukudla?	(ekhabetheni)		

UMSEBENZI 5

Use **njani** (how) with each of the following nouns as shown in the example

uLindi: Unjani uLindi? How is Lindi?

1. umama
2. obaba
3. inkosikazi yakho
4. umyeni wakho
5. abantwana
6. umsebenzi
7. isikole
8. izinja
9. impilo
10. izulu

UMSEBENZI 6

Complete the following using the correct verb link and translate

1. UMary (phandle)
2. Izinja (phakathi)
3. Abantu (phambili)
4. Ingadi (emuva) kwendlu
5. Umuthi (eceleni) kwendlu
6. Izimpahla (lapha)
7. Isibane (phezulu)
8. Omakhelwane (khona)
9. Amanzi (lapho)
10. Isikole (laphaya)

UMSEBENZI 7

Complete the following using kwa-, kwe-, or ko- and translate

1. phansi   +   umuthi
2. phezu   +   ikhabethe
3. phambi   +   indlu
4. eceleni   +   umfula
5. *emuva   +   umnyango
6. *phakathi   +   abantu
7. *phambi   +   umsebenzi
8. *emuva   +   isikhathi
9. *phambi   +   ukuhamba
10. *emuva   +   ukudla

Abantwana badlala phansi komuthi

* Note

The following words have two meanings:

phakathi	inside	or	**between/among**
phambi	in front	or	**before** (time)
emuva	behind	or	**after** time

THE VERB LINK KU- (IT IS) USED IMPERSONALLY

ku- with verbs (relating to the weather)

kuyabanda	**it is** cold
kuyavunguza	**it is** blowing
kuyana/**ku**yanetha	**it is** raining
kuyakhiza	**it is** drizzling
kuyaduma	**it is** thundering
kuyashisa	**it is** hot
kushisa kakhulu	**it is** very hot
kupholile	**It is** cool

Kuyaduma

Ku- with non verbs

kunjani?	How **is it**?
kubuhlungu	**it is** painful
kumnandi	**it is** pleasant/nice
kunzima	**it is** difficult
kulula	**it is** easy
kuleyithi	**it is** late
kunjalo	**it is** like that
kuhle	**it is** beautiful/good
kubi	**it is** ugly/bad
kukhona	**it is** present .... (there is/are........)

Note

i)	-banda	be cold to the touch (things)
	-godola	be/feel cold (people and animals)
	umkhuhlane	a cold.
	ukubanda	the cold.

Examples

	Kuyabanda namhlanje.	It is cold today
	Ngiyagodola.	I am cold
	Ngi**no**mkhuhlane.	I **have** a cold
	Ukubanda kuyafika.	The cold is coming
ii)	Kuyashisa namhlanje.	It is hot today
	Ngiyasha.	I am hot (literally: I am burning)
	Ngifudumele.	I am warm

UMSEBENZI 8

'Linjani izulu?' (What is the weather like?)

i) *Translate into Zulu*

1. It is beautiful
2. It is pleasant
3. It is cool
4. It is hot
5. It is raining
6. It is bad

7. It is cold
8. It is blowing
9. It is drizzling
10. It is thundering
11. It is very hot.

ii) *Fill in the blank spaces*

Izikhathi zonyaka   (Times of the year) (seasons)

1. Ekwindla................................ (it blows)
2. Ebusika .... (it is cold)
3. Entwasahlobo .... (it is cool)
4. Ehlobo .... (it is hot)

EGoli

10 Grantley Avenue
Parktown
Johannesburg
15 Julayi 1996

Nomhle othandekayo

Ngiyabonga kakhulu incwadi yakho. Izindaba zakho zimnandi, kodwa
ngidabuka ukuzwa ukuthi uyagula. Mhlawumbe ungcono manje. Thina,
lapha eGoli, sisaphila sonke.

Uthi kuyashisa lapho eThekwini. Hhawu! Amaholide amnandi!
Nibhukuda olwandle?

EGoli kusebusika manje. Kuyabanda kakhulu! Sihlala ngaphakathi.

Manje ngifuna ukukutshela izindaba zami. Ngifunda isiZulu! Ngifunda
ukukhuluma nokubhala. Kumnandi kakhulu kodwa kunzima!

Emini ngiyasebenza, ebusuku ngiyafunda. Ngiyakwazi ukukhuluma
kancane. Ukubuya kwakho ungangisiza na?

Ngicela ubhale masinyane! Musa ukubhala ngesiNgisi!

Ngomkhonzo omkhulu
Umngane wakho
UKaren (UNomusa)

EThekwini

Note

i)   Nomhle **o**thandeka**yo**   Dear Nomhle (*lit:* **who** is loveable)
     Umngane wami **o**thandeka**yo**   My dear friend

ii) **Ngo**mkhonzo omkhulu   *Lit:* **with** a big greeting

Amagama

-dabuka	sad, grieved, sorry
-zwa	hear
mhlawumbe	perhaps/maybe
ngcono	better
sonke	all of us
eThek**wini**	**in** Durban
-bhukuda/hlamba	swim
kakhulu	a lot
uku**ku**tshela	to tell **you**
ukubuya kwakho	on your return
unga**ngi**siza?	can you help **me**?
masinyane	soon
-bhal**ela**	write **to**

UMSEBENZI 9

Phendula le mibuzo

1. UNomusa uhlalaphi?
2. Ubhal**ela** ubani?
3. Yena, umngane wakhe, uphi?
4. Izulu linjani eThekwini?
5. EGoli izulu linjani?
6. UNomusa unezindaba .... Zithini?
7. Ufunda emini nasebusuku?
8. Kulula ukukhuluma isiZulu?
9   Wena, ufunda isiZulu?
10. Uyakwazi ukukhuluma isiZulu?

Manje, zama ukubhala incwadi **ngokwakho!**
(Now try to write a letter **by yourself!**)

The following idiomatic expressions contain a relative stem.
(Both literal and idiomatic meanings are given.)

i)   Uyashisa
     He is hot
     He is powerful

ii) Amehlo abomvu
     The eyes are red
     The eyes are strained

iii) Amehlo amnyama
     The eyes are black
     They are blinded by emotion/a glare

iv) Amazwi angcolile
     The words are dirty
     They are obscene

NGOKONGEZA • IN ADDITION
Imidlalo • Games/Sports

UMSEBENZI 10

Nika isiNgesi

Umdlalo
1. Ibhola lezinyawo
2. Ibhola lombhoxo/iragbhi
3. Ikhilikithi
4. Ithenisi
5. Ihokhi
6. Igalofu
7. Isikwashi
8. Ukugijima
9. Ukubhukuda
10. Isibhakela

Udlala
ikhilikithi

Amagama

Class		
	-mbhoxo	oval
7/8	**isi**bhakela/**izi**bhakela	fist

Note

Class		
5	ibala/**ama**bala	field
	ebal**eni**/**ema**bal**eni**	**on** the field/fields
9	**i**mpempe	whistle
1a	**u**nompempe	referee
3	**um**qhudelwano	competition/match

114

UMEBENZI 11
Translate into Zulu
1. Do you like to play golf?
2. Running is nice
3. Girls and boys play hockey
4. We watch rugby & soccer on the weekend
5. The boys play cricket on the fields at school
6. It is nice to swim **when** it is hot (**uma**)
7. One (a person) plays squash inside
8. We play tennis on Saturday
9. They are watching boxing on television
10. Where is the field? Where are the fields?

AMAGAMA
NOUNS
Class

11	**ulu**thi	stick
	ulufa	crack
	uluhla	list/row/column
	unyawo	foot
	unwele(**izi**)	hair
	uzwane	toe
	udonga	wall/gully
	usiba	pen/feather
	usuku	24 hr day
	usizo	help
	uxolo	peace
	usizi	pity
	uthando	love
	uhlupho	trouble
	ubisi	milk
	uthuli	dust
	uju	honey
	udaka	mud
	ulimi	tongue/language
	ulwandle	sea
	ucingo	wire/telephone/telegram
14	**ubu**suku	night
	ubusika	winter
	ubuso	face
	ubuthongo	sleep
	ubuhlungu	pain
	ubudala	age

	ububele	kindness, compassion
	ubuntu	humanity
	ubuntwana	childhood
	ubuzali	parenthood
	ubungane	friendship
	uboya	wool, hair (of animals or on the body)
	utshwala	beer, strong drink
	utshani	lawn
15	**uku**banda	the cold
	ukudla	food
	ukufa	death
	ukwindla	autumn
3	**um**bala	colour
	umkhuhlane	a cold
	umkhonzo	greeting, keepsake
5	**i**khabethe	cupboard
	izulu	weather/heaven
	ibhola	ball
	ibala	open space, clearing, playing field

VERBS

-qala	start, begin
-banda	be cold (things)
-godola	be cold (people, animals)
-na	(to) rain
-netha	(to) rain/get wet
-khiza	(to) drizzle
-duma	(to) thunder
-shisa	(to) burn
-phola	become cool
-zwa	hear, feel
-bhukuda/-hlamba	swim
-bhalela	write to
-engeza	add
-buka/-bukela	watch (with admiration)
-dabuka	sad, sorry, grieved

GENERAL

-shisa	hot
-mnandi	nice, pleasant
-ngcolile	dirty
-dula, dura, biza	expensive
-shibhile	cheap

-nzima	heavy, difficult
-lula	light, easy
-manzi	wet
-buhlungu	painful, sore
-mpofu	poor
-ngcono	better
-banzi	wide
-duma	tasteless
-mnyama	black
-mhlophe	white
-bomvu	red
-luhlaza	green, raw
-luhlaza okotshani	green
-luhlaza okwesibhakabhaka	blue
-phuzi	yellow
-nsundu	brown
-mpunga	grey
phezulu	up/above
phambili	in front/before
emuva	behind/after
eceleni	at/on the side/next to
lapha	here
lapho	there
laphaya	over there
khona	be here/present/there
-pholile	be cool
kancane	a little
kanje	like this
-hle	beautiful/good ⎫
-bi	ungly/bad ⎬ adjective stems in Zulu
mhlawumbe	perhaps/maybe ⎭
ngcono	better
sonke	all of us
eThekwini	**in** Durban
hhawu!	Gee!
kakhulu	a great deal/a lot
masinyane	soon
ngokwakho	by yourself
ngokwengeza	in addition
uma	when/if

Vocabulary on **Sports.** See pages 116 & 117.

SECTION 1 THE NEGATIVE

Study the following examples

Angihambi	**I** am not going
* **Awu**hambi?	Aren't **you** (singular) going?
Asihambi	**We** are not going
Anihambi?	Aren't **you** (plural) going?

* Awuhambi? **w** is a buffer between the two vowels

To form the **NEGATIVE** of the present tense:	Verb links (pos & neg) 1st & 2nd persons
i) Prefix **a-** to the verb link ii) Change final -a of the verb to **-i.** iii) Drop -ya- For example: **Angiboni** = I do not see	ngi- → **angi-** u- → **awu-** si- → **asi-** ni- → **ani-**

UMSEBENZI 1

Phendula imibuzo

1. Uyahamba?   Cha, ...
2. Uyadla?   Cha, ...
3. Uyafunda?   Cha, ...
4. Niyasebenza?   Cha, ...
5. Niyabhala?   Cha, ...

Note

If there is a **noun** following a negative verb, it loses its initial vowel. **Angi**phuzi khofi.

UMSEBENZI 2

Rewrite the following sentences in the negative and translate

1. Ngibona umuntu
2. Sifuna itiye
3. Ngikhuluma isiJalimane
4. Ngifuna ubisi

5. Sidla inyama
6. Ngigqoka ijazi
7. Sithanda izinyoka
8. Siyaphuma kusihlwa
9. Uyasebenza
10. Niyalalela

Uxolo . Angikhulumi isi Jalimane

Sprechen Sie Deutsch?

INGXOXO

UNomusa ufonela uThandi

(Nomusa phones Thandi)

KungoMgqibelo ekuseni. Ifoni iyakhala.

UThandi: Hallo!

UNomusa: Hallo! Unjani namhlanje Thandi?

UThandi: Cha, ngikhona, wena unjani Nomusa?

UNomusa: Cha, ngiyaphila. **Awusebenzi** namhlanje?

UThandi: Cha, **angisebenzi**.

UNomusa: Ufuna ukugibela ibhayisekili?

UThandi: Cha, **angifuni**.

UNomusa: **Awufuni**? Kungani?

UThandi: Ngiyavilapha.

UNomusa: Kunjani ukuya e**zi**tolo.

UThandi: Kulungile, kodwa **anginamali**!

UNomusa: **Akunalutho**. singabuka nje!

UThandi: Kulungile.

UNomusa: Masihlangane ngo10 esiteshini.

UThandi: Kulungile. Bhabhayi!

UNomusa: Bhabhayi!

Awusebenzi namhlanje ?

Cha, angisebenzi

Amagama

angi**na**mali	I do not **have** money
masihlangan**e**	let **us meet**
aku**na**lutho	It doesn't matter

THE NEGATIVE VERB LINKS FOR CLASSES 1 & 2 AND 1A & 2A

Study the following examples

Umuntu **aka**hambi	The person is not going
Umama **aka**sebenzi	Mother is not working
Abantu **aba**hambi	The people are not going
Omama **aba**sebenzi	Mother and others are not working

The negative verb link for

Classes 1 & 1a   is   **aka-**
Classes 2 & 2a   is   **aba-**

Since most **people** fall into these classes, the links are used a great deal.

UMSEBENZI 3

Complete the following sentences in the negative

1. UMary uyasebenza kodwa uJenny ....
2. Ubaba uyahamba kodwa umama ....
3. Umntwana uyagijima kodwa umfazi ....
4. Abazali bayadla kodwa abantwana ....
5. OLizo bayalalela kodwa obhuti ....

UMSEBENZI 4

Refer back to the Incoko 'UNomsa ufonela uThandi' and answer the following questions

1. UThandi usebenza ngoMgqibelo?
2. UNomusa, yena, usebenza ngoMgqibelo?
3. UNomusa noThandi basebenza ngoMgqibelo?
4. UThandi ufuna ukugibela ibhayisekili?
5. Kungani?
6. Bayaphi?
7. UThandi unemali?
8. Bahlangana eposini? Bahlanganaphi?
9. Ngasikhathi sini?/Ngobani isikhathi?
10. Wena, wenzani njalo ngoMgqibelo?

UMSEBENZI 5

Answer the following questions in the negative

1. Wena uyasebenza?
2. Nina, niyaqonda?
3. Umntwana uyagula?
4. Abantwana bayagula?
5. UZola uyavilapha?
6. OZola bayavilapha?
7. Abafana bacela ugwayi?
8. Umfana ucela usikilidi?
9. Wena, uyabhema?
10. Nina, niyabhema?

Note

If the word following a negative verb is an **infinitive** (**uku**hamba), or a **locative** (**e**sikol**eni**), the initial vowel may or may not be dropped, depending on the emphasis.

Generally, the initial vowel is retained.

UMSEBENZI 6

Translate into Zulu

1. I do not want bread
2. I do not want to go
3. I do not work in town
4. Father does not work on the weekend
5. The children are not going to school today
6. Themba does not like to work
7. The students do not like to study
8. People do not smoke a lot today
9. Thandi does not live at home, she lives in a flat
10. Sipho does not ask to go, he just goes.

Negative verb links for Classes 3 to 15

Class	Negative link	Class	Negative link
3	*awu-	9	*ayi-
4	*ayi-	10	azi-
5	ali-	11	alu-
6	*awa	14	abu-
7	asi-	15	aku-
8	azi-		

*Weak classes

Note

In most cases, the letter **'a'** is placed before the **positive** verb link. Where there is no consonant (the weak classes), one must be introduced, as shown below.

i)	**u** is associated with **w**	u-	→	**awu-**
ii)	**i** is associated with **y**	i-	→	**ayi-**
iii	Class 6	**a-**	→	**awa-**

UMSEBENZI 7

Translate into English

1. Umoya **awu**vunguzi namhlanje
2. Imithi **ayi**khuli ebusika
3. Ihhashi **ali**gijimi
4. Amadoda **awa**sebenzi namhlanje
5. Isitimela **asi**hambi namhlanje
6. Intombazana **ayi**funi ukuhamba
7. Izinja **azi**lali ngaphakathi
8. Ucingo **alu**khali
9. Ubusika **abu**pheli
10. Ukudla **aku**shisi

POSITIVE AND NEGATIVE LINKS

Person	Noun	Positive link	Negative link
1st		ngi-	angi-
		si-	asi-
2nd		u-	awu-
		ni-	ani-
3rd (Classes)			
1 & 1a	umntwana	u-	aka-
2 & 2a	abantwana	ba-	aba-
3	umshini	u-	awu-
4	imishini	i-	ayi-
5	ihhashi	li-	ali-
6	amahhashi	a-	awa-
7	isitimela	si-	asi-
8	izitimela	zi-	azi-
9	intombi	i-	ayi-
10	izintombi	zi-	azi-
11	ucingo	lu-	alu-
14	ubusika	bu-	abu-
15	ukudla	ku-	aku-

Note

Strong classes: Positive link   =   **consonant + vowel**
Weak classes: Positive link   =   **vowel only** (shaded)

UMSEBENZI 8

Complete the following

i) The **negative verb link** for
   Classes 1, 1a is ....
   Class 3   is ....
   Classes 4 & 9 is ....
   Class 6   is ....

ii) The above mentioned classes are called .... because their
    positive verb link consists of a .... only.

iii) The remainder of the classes are called .... because their
     positive verb link contains a ....

iv) In order to form the **negative verb link** of the strong classes, merely prefix .... to the positive verb link.

v) The negative **verb** in the present tense always ends in ....

NEGATIVE VERB LINKS WITH VOWEL VERB-STEMS

Ngiyazi	→	**ang**azi	I do **not** know
Ngenza itiye	→	**ang**enzi itiye	I am **not** making tea
Ngiyesaba	→	**ang**esabi	I am **not** afraid

Note

i) angi → **ang-** with a vowel verb stem.

ii) In most cases the negative verb link loses its second vowel before a vowel verb stem.

iii) There is no -ya- in the negative.

UMSEBENZI 9

Rewrite the following sentences in the negative and translate

1. Ngazi impendulo
2. UThandi wenza itiye namhlanje
3. OMhlaba bakha indlu
4. Intombazane yesaba ubumnyama
5. Abazali bazi yonke into

THE IMPERSONAL USE OF THE VERB LINK KU- (IT IS) IN THE NEGATIVE (WITH VERBS)

Kuyabanda	→	**Aku**bandi	It is not cold
Kuyavunguza	→	**Aku**vunguzi	It is not blowing
Kuyana	→	**Aku**ni	It is not raining
Kuyanetha	→	**Aku**nethi	It is not raining
Kuyaduma	→	**Aku**dumi	It is not thundering
Kuyashisa	→	**Aku**shisi	It is not hot

Note

The English meaning can also be 'it does not get cold, it does not blow' etc.

THE STEM -KHO (BE PRESENT) IN THE NEGATIVE

Used impersonally

Akukho sikhathi	There is no time
Akukho mali	There is no money
Akukho bantu	There are no people
Akukho msebenzi	There is no work
Akukho lutho	There is nothing (wrong)

Used personally

Isikhathi **asi**kho	There is no time
Imali **ayi**kho	There is no money
Abantu **abe**kho	There are no people
Umsebenzi **awu**kho	There is no work

Also

UThemba **ake**kho	Themba is not present/here
Ukhiye **awu**kho	The key is not here
Omakhelwane **abe**kho	The neighbours are not there

UMSEBENZI 10

Phendula imibuzo

1. Abantu bakhona?   Cha, ...
2. Indlela ikhona?   Cha, ...
3. Kukhona ifoni?   Cha, ...
4. Kukhona umyalezo?   Cha, ...
5. Kukhona inkinga?   Cha, ...
6. Ubaba ukhona?   Cha, ...
7. Abantwana bakhona?   Cha, ...
8. Imoto ikhona?   Cha, ...
9. Amanzi akhona?   Cha, ...
10. Izinja zikhona?   Cha, ...

THE VERB -NA- (HAVE) IN THE NEGATIVE

Study the following examples

Anginamali	I do not **have** money
Asinasikhathi	We do not **have** time
Umfazi akanamntwana	The woman does not **have** a child
Abantu abanamsebenzi	The people do not **have** work
Indoda ayinamoto	The man does not **have** a car.

Note

i)   **-na-** (have) remains unchanged in the negative. The reason for this is that the noun following a negative loses its initial vowel.

ii) Class 11 nouns: Anginalukhezo.   I do not have a/the spoon

UMSEBENZI 11

Answer the following questions in the negative

1. Unekhanda?
2. Unabantwana?
3. Ninenkinga?
4. Ninezinja?
5. Umyeni unomsebenzi?
6. Indoda inezinkomo?
7. Abantwana banezinto zokudlala?
8. Amadoda anogwayi?
9. Izintombi zinemali?
10. UNomusa unefoni?

UMSEBENZI 12

Translate

1. I do not understand
2. Themba is not lazy
3. The girl is not wearing a jersey.
4. The people do not want to work
5. I do not know
6. The children are not afraid of dogs
7. It is not cold today
8. There is no milk in the fridge
9. Mother & father are not present/here
10. We do not have money

Note
Exception:

i) Angizw**a**   I do not hear/understand
    Angizw**a** kahle   I do not hear/understand well
    The **-a** of this verb does not change to **-i** in the negative

ii) Akezw**a**
     a always   →   **e** before **-zwa**
     ngiy**e**zwa   I hear/understand

-SA- AND -KA-

These elements appear immediately before the verb stem.

-sa-   Positive: Ngi**sa**phila   I am **still** well
             Negative: Angi**sa**phili   I am **no longer** well

Examples

i) U**sa**funda isiZulu?   Are you **still** studying Zulu?
    Cha, angi**sa**fundi isiZulu   No, I am **no longer** studying Zulu

ii) USipho u**sa**sebenza?   Is Sipho **still** working?
    Cha, aka**sa**sebenzi   No, he is **no longer** working

   -ya- is never used with -sa-

-ka-   Negative only: Angi**ka**qedi   I have **not yet** finished

Examples

i)   Asi**ka**dli   We have **not yet** eaten

ii) Ubaba aka**ka**fiki   Father has **not yet** arrived

Note

-ka- has the meaning **not yet**, and thus the Zulu verb must be in the **present tense**, because the action has not yet taken place. However, the English translation appears to be in the past tense.

UMSEBENZI 13

Translate into Zulu

1.   I am **no longer** working at Shell
2.   I have **not yet** seen anything (a thing)/ anyone (a person)
3.   Themba has **not yet** finished.
4.   The sun has **not yet** come out.
5.   It is **no longer** raining

Note

The following idiomatic expressions contain a negative. Both literal and idiomatic meanings are given.

1.	Akanakhanda	He has no head/mind He is foolish/unintelligent
2.	Akanamlomo	He has no mouth He is speechless
3.	Akanandlebe	He has no ear. He does not listen
4.	Akanasimilo	He has no character He has a bad character
5.	Akanalutho	He has nothing He is poor/He does not count for much
6.	Akezwa	He does not hear/listen He is naughty
7.	Ayinalutho/ Ayinamsebenzi	It does not have a thing/use It doesn't matter
8.	Akukho lutho	There is nothing There is nothing bad/All is well
9.	Ayikho indlela	There is no way There is no escape/It cannot be avoided
10.	Akukho mazwi	There are no words There is nothing to say

INGXOXO

'Esibhedlela' (At the hospital)

Isiguli:	Ngqo! Ngqo! Ngqo!
Udokotela:	Ngena!
Isiguli:	Sawubona dokotela!
Udokotela:	Sawubona mnumzane! **Ngicela** uhlal**e** phansi!
Isiguli:	Ngiyabonga dokotela.
Udokotela:	Ungubani igama lakho?
Isiguli:	**Ngingu**Simon Mfeka.
Udokotela:	Uhlalaphi?
Isiguli:	Ngihlala Emlazi.
Udokotela:	**Une**minyaka emingaki?
Isiguli:	Ngi**no**-45.
Udokotela:	Kulungile-ke mnumzana Mfeka. U**na**ni?
Isiguli:	**Angazi** dokotela kodwa **angizizwa** kahle.
Udokotela:	U**ne**khanda?
Isiguli:	Cha dokotela, anginakhanda.
Udokotela:	Uyakhwehlela?
Isiguli:	Cha dokotela, **angikhwehleli** Indlebe ibuhlungu nje.
Udokotela:	Ehhe! **Ma**ngibhek**e** endlebeni. **Musa ukwesaba!**

Udokotela ubheka endlebeni

	(Udokotela ukhipha ithoshi ubheka phakathi endlebeni)
Udokotela:	Kubomvu kakhulu ngaphakathi kodwa igazi **alikho**. **Kufuneka u**thel**e umuthi** kabili ngelanga. Kulungile?
Isiguli:	Kulungile dokotela.
Udokotela:	Phuza iphilisi kathathu ngelanga.
Isiguli:	Yebo dokotela.
Udokotela:	Uma ku**se**buhlungu emuva kweviki, **kufuneka** ubuyel**e** esibhedlela.
Isiguli:	Yebo dokotela, ngiyezwa.
Udokotela:	Yima mnumzane! **Asikaqedi**! Ngi**sa**funa uku**ku**nika umuthi namaphilisi!
Isiguli:	O, uxolo dokotela. Ngikhohliwe!
Udokotela:	**Akunalutho**. Nanku umuthi! Nanka amaphilisi
Isiguli:	Ngiyabonga dokotela!
Udokotela:	Uya ekhaya manje?
Isiguli:	Cha dokotela, **angiyi ekhaya,** ngiya emsebenzini.
Udokotela:	**U**hamb**e** kahle mnumzane!
Isiguli:	**U**sal**e** kahle dokotela!

Amagama

Nouns

5	**i**thoshi	torch
5	**i**gazi	blood
5	**i**philisi	pill

Verbs

-khwehlela	cough
-phuza	drink, take medicine
-ma	stop/stand
-khohlwa	forget
-thola	receive/get

General

ngqo! ngqo!	knock! knock!
mangibhek**e**	**let** me look
uma	if/when
ngikhohliwe	I forgot
nanka	here are (Class 6 nouns)
nanku	here is (Class 3 nouns)
masinyane	immediately/soon
kufuneka.......**e**	**it is** necessary/must (verb ends in -e)
kusebuhlungu	it is **still** (with non-verbs) sore

mnumzane	Sir
kabili ngelanga	**twice** a day
uku**ku**nika	to give **you**

UMSEBENZI 14

1. Uphi uMnumzane Simon Mfeka?
2. Ukhuluma nobani?
3. Unekhanda?
4. Uyakhwehlela?
5. Unani?
6. Kukhona igazi endlebeni?
7. Isiguli sitholani kudokotela?
8. Uya ekhaya masinyane?
9. Nika isiZulu: "it is still painful".
10. Wena, unendlebe?

TRADITIONAL HEALERS AND RELIGIOUS BELIEFS

Despite the impact of Western medicine and the general use of it by Zulu people, the influence of the **isangoma** (diviner) is still strong today both in rural and city areas. The **izangoma** specialize in finding the cause and nature of the misfortune and treating it. They work through the ancestors and by questioning their patients closely.

Another specialist in Zulu society is the **inyanga** (herbalist, healer), who does not deal with the supernatural but has a good knowledge of healing herbs.

The traditional religious belief of the Zulu is in the **amadlozi** (ancestral spirits). They communicate with these beings, asking them to provide for their needs and to protect them. They believe in a Supreme being, **uMvelingqangi** who is not approached directly, but rather through the ancestral spirits.

Today a lot of Zulu people are Christians, believing in **UNkulunkulu** (God).

INGOMA

Ngqo! Ngqo! Ngqo! Ngqo!	*Knock! Knock! Knock! Knock!*
Vulani emnyango	*Open (at) the doorway*
Ze singene	*That we may enter*
Thina besikolo.	*We of the school.*

INGOMA • THE CLICK SONG

Igqirha lendlela nguqongqothwane.
Ebeqabel' egqith' apha, uqongqothwane!

The diviner of the road is the toktokkie (the knocking beetle).
He was just passing by here, the toktokkie.

Note

The **q** click and some of its variations are well illustrated in this song.

SECTION 2 OBJECT PRONOUNS

Person	Singular	Plural
1st	me	us
2nd	you	you
3rd	him, her, it	them

Study the following examples

Uya**ngi**bona?	Do you see **me**?
Yebo, ngiya**ku**bona	Yes, I see **you** (singular)
Niya**si**bona?	Do you see **us**?
Yebo, siya**ni**bona	Yes, we see **you** (plural)
Ngiya**m**bona (umfundi)	I see **him/her**
Ngiya**ba**bona (abafundi)	I see **them**
Ngiya**yi**bona (imoto)	I see **it**
Ngiya**zi**bona (izimoto)	I see **them**

Note

i)   The object pronoun takes the place of the object in a sentence. It cannot stand on its own as in English, and is, in fact, **not** a pronoun in Zulu.

ii) It comes **immediately** before the verb stem.

iii) The **-ya-** is retained.

iv) The form is as follows:

- Where the verb link is strong (contains a consonant), the object pronoun is the same as the verb link.
- Where the verb link is weak (consists of a vowel only), a consonant must be introduced (see table).

OBJECT PRONOUNS

Person		Object Pronoun		Example
1st (sg)	**-ngi-**	Uya**ngi**biza?		Are you calling **me?**
(pl)	**-si-**	Uya**si**biza		Are you calling **us?**
2nd (sg)	**-ku-**	Nginga**ku**siza?		Can I help **you?**
(pl)	**-ni-**	Nginga**ni**siza?		Can I help **you?**
3rd				
Classes				
1 & 1a	**-m-**	Ngiya**m**bona (uSipho)		I see **him**
2 & 2a	**-ba-**	Ngiya**ba**bona (oSipho)		I see **them**
3	**-wu-**	Angi**wu**thandi (umuthi)		I do not like **it**
4	**-yi-**	Angi**yi**thandi (imimese)		I do not like **them**
5	**-li-**	Angi**li**thandi (igazi)		I do not like **it**
6	**-wa-**	Angi**wa**thandi (amafutha)		I do not like **it**
7	**-si-**	Ngiya**si**funa (isinkwa)		I want **it**
8	**-si-**	Ngiya**zi**funa (izithelo)		I want **them**
9	**-yi-**	Ngiya**yi**funda (incwadi)		I read **it**
10	**-zi-**	Ngiya**zi**funda (izincwadi)		I read **them**
11	**-lu-**	Ngiya**lu**thanda (ubisi)		I like **it** (milk)
14	**-bu-**	Ngiya**bu**thanda (ubuhle)		I like **it** (beauty)
15	**-ku-**	Ngiya**ku**thanda (ukudla)		I like **it** (food)

Strong classes: Same as the verb link
Weak classes: i)   A consonant + verb link ⎫
                 ii)   **Classes 1 & 1a = m**   ⎬ shaded
                                          ⎭

UMSEBENZI 15

Complete the following

i) While the object pronouns **-ngi-**, **-si-** and **-ni-** all contain a .... and thus remain unchanged, **-u-** is preceded by ....

ii) In strong classes, the object pronoun is the same as the ...., that is .... + vowel.

iii) In weak classes:
 1 + 1a: .... bears no resemblance to the .... ,
 3 + 6: .... preceeds the verb links .... and .... ,
 4 + 9: .... preceeds the verb link ....

UMSEBENZI 16

Answer the questions as shown in the example and translate

Ubona **uSipho**? Yebo, ngiya**m**bona

1. Ubona **uThandeka?**
2. Ubona **oThandeka?**
3. Ufuna **uswidi?**
4. Ufuna **amaswidi?**
5. Udla **inyama?**
6. Udla **amaqanda?**
7. Uphuza **ubisi?**
8. Ukhuluma **isiZulu?**
9. Uya**ngi**thanda?
10. Uya**si**funa?

UMSEBENZI 17

Complete as shown in the example

Thandi is reading **a book**	She is reading **it**
UThandi ufunda **incwadi**	Uya**yi**funda
1. I am helping **mother**	I am helping **her**
2. We help (our) **friends**	We help **them**
3. I am learning **Zulu**	I am learning **it**
4. The woman washes **clothes**	She washes **them**
5. The man wants **work**	He wants **it**
6. The child drinks **milk**	She drinks **it**
7. The children drink **water**	They drink **it**
8. Mother drinks **tea**	She drinks **it**
9. Father buys a **newspaper**	He buys **it**
10. Nomusa likes **Themba**	She likes **him**

THE OBJECT PRONOUN WITH

• A NOUN

Ngiyafunda	I am reading
Ngifunda incwadi	I am reading **a** book
Ngiya**yi**funda	I am reading **it**
Ngiya**yi**funda incwadi	I am reading **the** book

When the object pronoun is used **together with the noun** (as in the last example), emphasis is being put on that noun. In this way, the English **'the'** can be expressed. Notice that **-ya-** is retained, even though a noun follows the verb.

• A QUESTION WORD

U**zi**geza nini izimpahla?	When do you wash the clothes?
U**ku**pheka nini ukudla?	When do you cook the food?
U**wa**phuza nini amaphilisi?	When do you take the pills?

-ya- is **never** used with a question **word**.

The question word comes immediately **after** the verb.

• A QUESTION SUFFIX

U**si**fundaphi isiZulu?	Where do you learn Zulu?
U**zi**thengaphi izimpahla zakho?	Where do you buy your clothes?

The -ya- is not retained with a question suffix.

• AN INFINITIVE

Ufuna uku**m**bona?	Do you want to see **him/her?**
Ngicela uku**yi**boleka (imoto)	I request to borrow **it**

The object pronoun comes immediately before the verb stem.

• THE NEGATIVE

Angi**ba**boni	I do not see **them**
Angi**ba**boni abantwana	I do not see **the** children

• VOWEL VERB STEMS

Ngiya**m**esaba (udokotela)	I am afraid of **him**
Ngiya**y**esaba (inyoka)	I am afraid of **it**
Ngiya**b**esaba (abantu)	I am afraid of **them**

Only the consonant of the object pronoun is retained.

Note

i)	Ngiya**m**azi	I know **him/her**
ii)	A**ng**azi	I do not know
	A**ngiy**azi (into)	I do not know **it** (anything)
iii)	Ngiyajabula uku**kw**azi	I am pleased to know **you**
iv)	Ngiya**kw**azi ukukhuluma isiZulu	I know how to speak Zulu
	Ngiya**kw**azi ukubala	I know how to count
	Ngiya**kw**azi ukugibela ihhashi	I can ride a horse

The object pronoun for you (singular) and for class 15 (when followed by a vowel commencing verb stem) is **-kw-**.

• INSTRUCTIONS

Positive

Ngitshel**e** izindaba zakho	Tell **me** your news
Nginik**e** ithuba!	Give **me** a chance!
Ngisiz**e**!	Help **me!**
Mbiz**e**!	Call **her!**
Basiz**e** (abantwana)	Help **them** (the children)
Likhumul**e** (ijezi)	Take **it** off (the jersey)
Watheng**e** (amaswidi)	Buy **them** (the sweets)

When an object pronoun is used in a positive instruction, the verb ends in **-e.**

Negative

Musa uku**ngi**tshela	Do not tell **me**
Musa uku**ngi**hleka	Do not laugh at **me**
Musa uku**ngi**khathaza	Do not worry **me**
Musa uku**m**biza (UNomusa)	Do not call **her**
Musa uku**ba**khathaza (abazali)	Do not worry **them** (the parents)
Musa uku**li**khumula (ijezi)	Do not take **it** off (the jersey)
Musa uku**wa**dla (amaswidi)	Do not eat **them** (the sweets)

In the negative, the verb must end in **-a-** because of **uku-.**

UMSEBENZI 18

Translate into Zulu

1. Can I help **you** (singular)
2. Can I help **you** (plural)
3. I am pleased to know **you** (singular)
4. Are you learning Zulu? Yes, I am learning **it**

5. We are buying **the** house
6. I like to read **it** (the newspaper) in the morning
7. Where do you keep **it**? (The butter)
8. I do not like (**it**) wind
9. The child is afraid of (**him**) the doctor
10. Do you know (**it**) how to drive a car?
11. Please give **me** your number!
12. Do not close **it**! (the window)

THE REFLEXIVE -ZI-

i) There is only one reflexive pronoun in Zulu. It refers to all the forms of **self/selves.**

ii) It is treated like an object pronoun and thus always comes just before the verb stem.

Uya**zi**fundisa?	Are you teaching **yourself**?
Yebo, ngiya**zi**fundisa	Yes, I am teaching **myself**

UMSEBENZI 19

Translate

1. Ngiya**zi**bona esibukweni
2. Uya**zi**sebenzela? (wena)
3. UMziwakhe uya**zi**sebenzela
4. Abantwana baya**zi**fihla
5. Musa uku**zi**khathaza!

Note

U**zi**zwa njani?	How do you feel? (within yourself)
Zifundis**e**!	Teach yourself!
U**zi**phath**e kahle**!	Look after yourself! (well)

PROVERB • IZAGA

"Iqaqa alizizwa ukunuka"
The skunk cannot smell itself.
Nobody recognizes their
own faults.

INGXOXO

'UNomhle noKaren baxoxa ngesiZulu
(Nomhle and karen are discussing Zulu)

UNomhle:	Sawubona mngane wami! U**zi**zwa unjani namhlanje?
UKaren:	Sawubona Nomhle! Cha, ngi**zi**zwa ngingcono. Wena unjani?
UNomhle:	Cha, ngiyaphila. Usa**si**funda isiZulu.
UKaren:	Yebo, ngiya**si**thanda kakhulu isiZulu.
UNomhle:	UMolly, yena, usafunda naye?
UKaren:	Cha, akasafundi yena. Aka**si**tholi isikhathi.
UNomhle:	O, ngiyabona. UMnumzane Khumalo uya**ni**fundisa?
UKaren:	Yebo, usa**si**fundisa. Uya**ma**zi?
UNomhle:	Yebo, ngiya**ma**zi. Ngumngane kababa.
UKaren:	O, ngiyakhumbula manje.
UNomhle:	Nginga**yi**bona incwadi yakho?
UKaren:	Yebo, kulungile. Nansi! **Yi**bheke!
UNomhle:	Hhawu! Nifunda uku**si**khuluma, uku**si**funda, noku**si**bhala isiZulu?
UKaren:	Yebo, u**si**fundisa kahle uthisha.
UNomhle:	**Ngi**tshele Karen, umuntu u**yi**thengaphi le ncwadi?
UKaren:	U**yi**thola kwaCNA.
UNomhle:	Imalini?
UKaren:	U-R30 kuphela.
UNomhle:	O, ishibhile. Ngifuna uku**yi**thengela umngane wami, uBrian. Naye, uzama uku**si**funda isiZulu.
UKaren:	Hhayi-ke, kulungile. Unga**yi**thola khona.
UNomhle:	Yisikhathi sini?
UKaren:	Angi**sa**zi isikhathi Nomhle. Anginawashi.
UNomhle:	Nokho, kufuneka ngihambe manje.
UKaren:	Kulungile, uhambe kahle.
UNomhle:	Wena, usale kahle Karen. U**ng**ikhonzele kuMnu. Khumalo!

Amagama

kababa/**ka**Karen	**of** father/ **of** Karen
-khumbula	remember
kuphela	only
-theng**ela**	buy for ...
iwashi	a watch
nokho	nevertheless
-khonzela	greet for

Note

Sometimes -ya- is dropped, even if the verb contains an object pronoun. This happens when the word following the verb is **not** a noun.

Ngizizwa **kangcono**	I feel (myself) **better**
Usifundisa **kahle**	He teaches us **well**
Uzithola **kwaCNA**	You get them **at CNA**

UMSEBENZI 20

Phendula imibuzo

1. UKaren uzizwa njani?
2. Wena, uthanda ukusifunda isiZulu?
3. UMolly usasifunda isiZulu?
4. Kungani?
5. UNomhle uyamazi uthishela kaKaren?
6. Ngubani igama lakhe?
7. UNomhle ucela ukubonani?
8. Ufuna ukuthengela bani incwadi?
9. Umuntu uyithengaphi le ncwadi?
10. UKaren unewashi? Wena, unewashi?

UMSEBENZI 21

Translate into Zulu

Nomhle and Karen are discussing (**it**) Zulu. Karen is studying **it**. Molly, as for her, she is no longer studying. She does not find (**it**) the time. Mr Khumalo is teaching **them**. Nomhle knows **him**, because he is a friend of father. She remembers **him**. Karen says he teaches **them** well. Nomhle asks to see (**it**) her book. One gets (**it**) the book at CNA. It is only R30. It is cheap. Nomhle wants to buy **it** for her friend Brian. He too is trying to learn (**it**) Zulu. Karen says she does not know (**it**) the time because she does not have a watch. Nevertheless, Nomhle goes. She says: "greet (**him**), for me Mr Khumalo!"

AMAGAMA

NOUNS

Class

7	**isi**Jalimane	German
9	**i**nyama	meat
9	**i**nhlanzi	fish
7	**isi**teshi	station
1a	**u**gwayi	tobacco
1a	**u**sikilidi	cigarette
5	**i**fulethi	flat
5	**i**hhashi	horse
5	**i**fasitela	window
5	**i**nombolo	number
5	**i**tiye	tea
11	**u**dlame	violence
5	**i**bhotela	butter
9	**i**mpendulo	answer
14	**ubu**mnyama	blackness/darkness
9	**i**nto yokudlala	toy
7	**isi**milo	character
5	**i**thoshi	torch
5	**i**gazi	blood
5	**i**philisi	pill
7	**isa**ngoma	diviner
9	**i**nyanga	herbalist
3	**um**nyango	door
7	**isi**buko	mirror
7	**isi**bane	light
5	**i**washi	watch
3	**um**shini	machine
3	**um**mese	knife
7	**isi**nkwa	bread
7	**isi**thelo	fruit
3	**umu**thi	medicine
5	**i**phephandaba	newspaper

VERBS

-vilapha	be lazy
-bhema	smoke
-khula	grow
-phela	come to an end
-shisa	burn

-ngqongqoza	knock
-khwehlela	cough
-thatha	take
-ma	stop, stand
-khohlwa	forget
-thola	receive, get
-boleka	borrow, lend
-khathaza	worry, annoy
-phatha	handle, hold, carry
-shaya	hit, strike, play (instrument)
-shayela	drive (a car), sweep
-qhuba	drive along (cattle)/ make progress
-qhubeka	proceed, progress
-gcina	keep
-fihla	hide
-cima	put out/ extinguish
-xoxa	chat
-khumbula	remember
-thenga	buy
-thengela	buy for (on behalf of)

GENERAL

Akukho lutho	There is nothing (bad)
Ayinandaba	It doesn' t matter
nje	just
kodwa	but
ngqo! ngqo!	knock! knock!
kufuneka...e	**It is** necessary/must (verb ends in -e)
kabili ngelanga	**twice** a day
-se-	still (with non verbs)
uku**ku**nika	to give **you**
ngikhohliwe	I forgot
Nanka	here are (Class 6)
masinyane	immediately/soon
nanku	here are (class 3 nouns)
kababa	**of** father
kuphela	only
nokho	nevertheless, yet, although
igama la**khe**	**his** name
incwadi ya**khe**	**her** book
nansi	Here is (class 4 + 9 nouns)

CHAPTER 10

SECTION 1 IT IS/THEY ARE WITH NOUNS

i)   All nouns which commence with u-, a-, or o-, prefix **ng-** to express
     it is/they are.

   Study the following examples

Ngumfazi	It is a woman
NguThandi	It is Thandi
Ngabafazi	They are women
NgoThandi	It is Thandi and others
Ngumoya	It is the wind
Ngamadoda	They are men
Ngamanzi	It is water
Ngubusika	It is winter
Ngukudla	It is food

UMSEBENZI 1

Humusha ngesiZulu

1. It is a child
2. It is father and Co
3. They are children
4. It is the doctors
5. It is food
6. They are friends
7. It is winter
8. They are boys
9. He is a Zulu
10. They are Zulus

ii) All nouns which commence with i- prefix **y-** to express **it is/they are.**

Yindoda	**It is** a man
Yincwadi	**It is** a book
Yikati	**It is** a cat
Yinja	**It is** a dog
Yimvula	**It is** rain
Yinsipho	**It is** a gift
Yizincwadi	**They are** books
Yisikhathi	**It is** time
Yimibuzo	**They are** questions

UMSEBENZI 2

Humusha ngesiZulu

1. It is a car
2. It is a snake
3. It is a girl
4. They are examples
5. They are laws
6. It is a man
7. It is a lady
8. It is a danger
9. They are rivers
10. They are guns

To express **it is/they are** with **nouns**

i)   Nouns commencing with **u-, a-, o-**   prefix **ng-**

ii) Nouns commencing with **i-**   prefix **y-**

iii) Classes (5) **ili-** and (11) **ulu-**   may also prefix **I-**

UMSEBENZI 3

*Give the correct prefix (expressing **it is/they are**) and translate into English*

1.	umfundi	6.	omama
2.	abafundi	7.	ubisi
3.	iqiniso	8.	umona
4.	ithuba	9.	amafutha
5.	UNomusa	10.	isifo

Note

i)   **Ngu**bani?   Who **is it?**
     Ngobani?   Who **are they?**

ii) **Y**ini?   What **is it?**
     Yizini?   What **are these?**

UMSEBENZI 4

Answer the following questions using the noun in brackets.

1. Ngubani?   (uZola)
2. Ngobani?   (oZola)
3. Yini?   (inja)
4. Yizini?   (izinja)
5. Ngubani?   (umntwana)
6. Ngobani?   (abantwana)
7. Yini?   (isipho)
8. Yizini?   (izipho)
9. Yini?   (icici)
10. Yini?/Ngamani?   (amacici)

Note

i)   Ngubani **lo**?   Who is **this**?
     Ngobani **laba**?   Who are **these?**

ii) Yini **le**?   What is **this**?
     Yizini **lezi**?   What are **these**?

Lo (this) and **laba** (these) generally refer to **people**: Classes 1 & 2
Le (this) and **lezi** (these) generally refer to **things/animals**: Classes 9 & 10

An interesting use of this construction (**it is/they are** with **nouns**) is to complain about something.

Question: Kunjani?
Answer: Cha, kulungile. **Ngu**msebenzi nje! (**It is** just the work)!

UMSEBENZI 5

Humusha ngesiZulu

1. It is just the weather!
2. It is just the rain!
3. It is just the wind!
4. It is just the heat!
5. It is just the cold!
6. It is just the work!
7. It is just the children!
8. It is just the winter!
9. It is just age!
10. It is just life!

UMSEBENZI 6

*Complete using the correct prefix to express **is/are** and translate*

1. UThemba (indoda)
2. UNothemba (umfazi)
3. Umfana (uSipho)
4. Intombazane (uNomusa)
5. Abantwana (abafana)
6. Indoda (iphoyisa)
7. imoto (iToyota)
8. Indoda (uthisha)
9. Indoda (uthishela)
10. Ubaba (unoposi)
11. Umakhelwane (udokotela)
12. Indaba (iqiniso)

ISAGA • PROVERB
Umuntu ngumuntu ngabantu
(A person is a person through other people)

IT IS/THEY ARE

- **Pronouns** (1st and 2nd persons)
- **Nouns** (3rd person)

1st Person		
(sg)	**Y**imi (na)	It is I/me
(pl)	**Y**ithi (na)	It is us
2nd Person		
(sg)	**Ng**uwe (na)	It is you
(pl)	**Y**ini (na)	It is you
3rd Person		
Classes		
1	**Ng**umngane	**It is** a friend
1a	**Ng**umama	**It is** mother
2	**Ng**abangane	**They are** friends
2a	**Ng**omama	**It is** mother and Co
3	**Ng**umthetho	**It is** a law
4	**Y**imithetho	**They are** laws
5*	**Y**iwele/Liwele	**It is** a twin
6	**Ng**amawele	**They are** twins
7	**Y**isibane	**It is** a light
8	**Y**izibane	**They are** lights
9	**Y**intombi	**It is** a girl
10	**Y**izintombi	**They are** girls
11*	**Ng**uthuli/Luthuli	**It is** dust
14	**Ng**ubuso	**It is** kindness
15	**Ng**ukukhuluma	**It is** talking

Note

i)   The final syllable of the first and second persons comes from the absolute pronoun.

1st Person:	yi**mi**	(**mi**na)	yi**thi** (**thi**na)
2nd Person:	ngu**we**	(**we**na)	yi**ni** (**ni**na)

ii)

Ungubani?	Who are **you?**	Ungubani?	Who is **he/she**?
NginguPeter	I am Peter	Ungumngane	**he/she** is a friend

iii) Sometimes the verb link is used in front, mostly for emphasis.

UFana **ngu**mngane   Fana **is** a friend
UFana **u**ngumngane   Fana (**he**) is a friend

UMLOLOZELO • RHYME

Vuka mfana	*Wake up young boy*
Hamb' uy' es'kolweni	*Go to school*
Cha, angifuni	*No, I don't want to*
Ziph' i'nkomo?	*Where are the cattle?*
Zisempumalanga	*They are in the east*
Ngubani ozozilanda?	*Who will fetch them?*
Bathi nguwe mfana	*They say it's you young boy*
Bathi nguwe mfana	*They say it's you young boy*

INGXOXO

***Ng**umngane wami (**It is** my friend)*

UNoxolo noFana bavakashela uThandi.

Ngqo! Ngqo! Ngqo! Ngqo!

UThandi:	**Ng**ubani?
UNoxolo:	Yimi, uNoxolo!
UThandi:	O, **ng**uwe Noxolo! Ngenani!
UNoxolo:	Sawubona Thandi!
UThandi:	Sanibonani! **Ng**ubani lo?
UNoxolo:	**Ng**umngane wami.
UThandi:	Sawubona bhuti! Ngiyajabula uku*kw*azi.
UFana:	Sawubona sisi! Nami, ngiyajabula uku*kw*azi. Ngi**ngu**Fana.
UThandi:	Mina, ngi**ngu**Thandi (Bayangena)
UNoxolo:	**Ng**obani laba?
UThandi:	**Ng**omakhelwane. **Ng**oNomvula
ONoxolo:	Sanibonani! Siyajabula uku**n**azi!
ONomvula:	Sanibonani! Nathi siyajabula uku**n**azi!
UThandi:	Yini le Noxolo? U**ngi**phani?
UNoxolo:	**Yi**khekhe. **Yi**sipho.
UThandi:	Hhawu! Unomusa! Ngiyabonga kakhulu! **Yi**zini lezi?

Ngumngane wami

ikhekhe

amaswidi

UNoxolo:	**Ng**amaswidi. Ngiyazi ukuthi abantwana bathanda amaswidi kakhulu.
UThandi:	Nithini bantwana?
Abantwana:	Siyabonga kakhulu sisi!
UThandi:	Hhawu! **Yi**sikhathi setiye! Masiphuzeni!

NB: Italics = object pronoun

Amagama

-vakasha	visit (unspecified)
-vakashela	visit (somebody/some place)
un**gi**pha	you give **me**
u**no**musa	you are kind (you **have** kindness)
Nith**ini**?	**What** do you (plural) say?
Yisikhathi setiye	**It is** tea time (time of tea)
Masiphuz**e**ni!	**Let** us drink!

SECTION 2   MY (-M) AND YOUR (-KHO)

Study the following examples

1. umngane **w**ami   my friend
2. abangane **b**ami   my friends
3. igama **l**ami   my name
4. isibongo **s**ami   my surname
5. izinto **z**ami   my things

UMSEBENZI 7

*Rewrite the above using **-kho** (your) and translate*

SUMMARY

To form the **possessive link**, a **consonant** is needed with **-a-**:

i)   Most **strong classes** prefix the consonant of the class prefix
     b**a**-, l**a**-, s**a**-, z**a**-   (Classes 2, 2a, 5, 7, 8, 10, 14)

ii) **Weak classes:**

u	→	w	w**a**-	(Classes 1, 1a, 3)
i	→	y	y**a**-	(Classes 4, 9)
a	—	a	**a**-	(Class 6)

iii) **Class 11**   lw**a**-
     Class 15   kw**a**-

UMSEBENZI 8

Fill in the correct possessive link with these 'body parts'

1. umzimba ....mi
2. ikhanda ....mi
3. iliso ....mi
4. amehlo ....mi
5. izinwele ....mi

6. ubuso ..... kho
7. isifuba ..... kho
8. iminwe ..... kho
9. umlenze ..... kho
10. unyawo ..... kho

UMSEBENZI 9

'Introduce' the following people as shown in the example and translate

Umama: **Ng**umama wami   **It is** my mother

1. umngane
2. abangane
3. umyeni
4. inkosikazi
5. umntwana

6. abantwana
7. indodana
8. intombi
9. amawele
10. abazukulu

• HERE IS/ARE ...

Study the following examples

Nangu uThemba   Here is Themba
Nali ikhadi   Here is the card
Nawu ukhiye   Here is the key
Nayi imali   Here is the money
Nazi izincwadi   Here are the books

SUMMARY

Each noun class has its own word to express **here is/are**.

Weak classes		Strong classes	
1, 1a	**nangu**	2, 2a	**naba**
3	**nawu**	5	**nali**
4, 9	**nayi**	7, 8	**nasi nazi**
6	**nawa**	10	**nazi**
		11, 14, 15	**nalu nabu nakhu/naku**

147

UMSEBENZI 10

Complete as shown in the example

Uphi ubaba **w**ami?   **Nangu!**

1.   ...... imali...... ami?   ....
2.   ...... phi usikilidi ...... ami?   ....
3.   ...... phi ukhiye ...... ami?   ....
4.   ...... phi izikhiye ...... ami?   ....
5.   ...... phi umntwana ...... ami?   ....
6.   ...... phi abantwana ...... akho?   ....
7.   ...... phi ikhaya ...... akho?   ....
8.   ...... phi ipeni ...... akho?   ....
9.   ...... phi umsebenzi ...... akho?   ....
10.   ...... phi amathikithi ...... akho?   ....

• ALL/EVERY/THE WHOLE -ONKE

Study and learn the following examples

Sanibonani **n**onke!	Hullo everyone
Sisaphila **s**onke!	We are all still well
Wonke umuntu	Every person
Bonke abantu	All people (everybody)
Sonke isikhathi	Every time
Zonke izikhathi	All times
Yonke into	Everything
Zonke izinto	All things
Lonke ilanga	The whole day
Wonke/ Onke amalanga	Everyday

SUMMARY

A consonant must be prefixed to the stem **-onke**.

i) **Strong** classes take the consonant of the class prefix.
    bonke abantu, **z**onke izinto

ii) **Weak** classes: u → w   **w**onke umntu
                         i → y   **y**onke into
                         a → –   onke amalanga/**w**onke amalanga

UMSEBENZI 11

Complete the following and translate

1.   .... onke siyajabula.
2.   .... onke abantu bayajabula.
3.   .... into ilapha.

4. Izimpahla ....onke zingcolile.
5. Amadoda .... onke ayasebenza.
6. Ngisebenza imini .... onke namhlanje.
7. .... onke umuntu uthanda ububele/umusa.
8. UThami usebenza .... onke izinsuku.
9. Izikole .... onke zivala kusasa.
10. Izinja zikhonkotha ubusuku .... onke.

Note

i)   **-onke** can stand before or after the noun.

MY/YOUR
HERE IS/ARE
ALL/EVERY

Classes	Verb link + phi?	Noun	Possessive	Here is/are	All/ every
1 & 1a	**U**phi	umngane	**w**ami?	nangu	**w**onke
2 & 2a	**Ba**phi	abangane	**b**ami?	naba	**b**onke
3	**U**phi	umithi	**w**ami?	nawu	**w**onke
4	**I**phi	imithi	**y**ami?	nayi	**y**onke
5	**Li**phi	icici	**l**ami?	nali	**l**onke
6	**A**phi	amacici	ami?	nawa	**w**onke
7	**Si**phi	isicathulo	**s**ami?	nasi	**s**onke
8	**Zi**phi	izicathulo	**z**ami?	nazi	**z**onke
9	**I**phi	incwadi	**y**ami?	nayi	**y**onke
10	**Zi**phi	izincwadi	**z**ami?	nazi	**z**onke
11	**Lu**phi	ubisi	**lw**ami?	nalu	**l**onke
14	**Bu**phi	utshwala	**b**ami?	nabu	**b**onke
15	**Ku**phi	ukudla	**kw**ami?	nakhu/naku	**k**onke

The weak classes are shaded for **here is/are**

Note

All of us	**s**onke
All of you (plural)	**n**onke

UMSEBENZI 12

Translate the following passage into English

*UThemba ukhuluma **ngaye nango**mndeni wakhe*
*(Themba speaks **about** himself **and about** his family)*

Mina, ngi**ngu**Themba Mchunu. Ng**ingu**mnini-sitolo. Ngishadile. Sihlala eSoweto, eGoli. Sinabantwana. Bathathu. **Ng**abafana nentombazane. Basafunda esikoleni. Abazali bami badala. Bona, bahlala eMgungundlovu.

UThemba ukhipha izithombe.

Nayi **inkosikazi yami**, uNoluthando. Yena, un**gu**thisha.
Naba **abantwana bami**. Lo nguVusumuzi, lo **ng**uMandla, lo **ng**uMantombi.

Naba **abazali bami**, nangu umama, nangu ubaba.

Nali **ikati**, nazi **izinja**. Thina sonke sijabulile lapha ekhaya!

UThemba Mchunu nomndeni
wakhe — bajabulile ekhaya

Amagama

ngishadile	I am married
-dala	old
sijabulile	we are happy

Manje, wena, zama ukubhala ngawe, nangomndeni wakho.

SECTION 3 'STATIVE' VERBS

Stative verbs describe a **state** of action which is, in fact, taking place.

Present:	Ngi**ya**lamba	I **am getting/becoming** hungry
Stative:	Ngilamb**ile**	I **am** (in the state of being) hungry

Note the following stative verbs

-phila	→	-philile	be well (in health)
-lunga	→	-lungile	be good/fine
-phola	→	-pholile	be cool
-onda	→	-ondile	be thin
-hlanzeka	→	-hlanzekile	. be clean
-phela	→	-phelile	be finished (come to an end)
-lamba	→	-lambile	be hungry
-baluleka	→	-balulekile	be important
-shada	→	-shadile	be married
-oma	→	-omile	be dry/thirsty
-jabula	→	-jabulile	be happy

Exceptions (in the endings)

-khuluphala	→	-khuluphele	be fat
-khathala	→	-khathele	be tired
-sutha	→	-suthi	be 'full' (of food)
*-hlala	→	-hleli	be seated
*-lala	→	-lele	be asleep

Note

i) These verbs have two sides to them in the present tense.

- The present: ku**ya**pho**la** It is **getting/becoming** cool
  The 'state' has not yet been reached.

- The stative: kupho**lile** It **is** cool
  The 'state' has been reached

ii) *-hlala and *-lala are different.

- Ngokujwayelekile si**hlala** lapha Usually we **sit** here
  Ngokujwayelekile si**hleli** etafuleni We **are seated** at the table

- Ngokujwayelekile abantu Usually people **sleep** at night
  ba**lala** ebusuku
  Umntwana u**lele** The child **is asleep**

UMSEBENZI 13

Humusha ngesiNgisi

1. Ngiphilile
2. Yonke into ilungile
3. Umoya upholile
4. Indoda ikhuluphele manje
5. Umfana wondile
6. Isinkwa siphelile
7. Nilambile?
8. Imfundo ibalulelike kakhulu
9. Ushadile?
10. Ihembe lihlanzekile
11. Izingubo zomile
12. Sonke sijabulile
13. Ingane ikhathele
14. Inja yomile
15. Ngisuthi
16. Abantu bahleli otshanini
17. Abantwana balele
18. UFana uqinisile
19. Kupholile emthunzini
20. Kubalulekile ukusazi isiZulu

UMSEBENZI 14

Humusha ngesiZulu

1. I am getting fat
2. You are getting thin
3. The sugar is coming to an end
4. The people are getting hungry
5. Are you becoming tired?

NB:

- phela	come to an end (be finished) (depletion)
-qeda	finish (doing something) (completion)
Ukudla kuphel**ile**	The food is finished (**stative**)
Ngiqed**ile**	I have finished (**past tense**)

Note

Khuluma iqiniso	speak the truth
Uqinisile	you are right!
Yiqiniso/**L**iqiniso!	**It is** the truth

SECTION 4   NOUN DERIVATIONS

Study the following example

Um**fundi**   u**funda**   isi**fundo**

As seen above, nouns can be derived from verbs in Zulu. In some cases, several nouns from one verb stem.

Note

i) **-funda**   **study, learn, read**
    Class   1 & 2   **um**fundi   student
            1 & 2   **um**fundisi   teacher, minister (of religion)
            7 & 8   **isi**fundo   lesson
            9   **im**fundo   education, learning

ii) **-sebenza**   **work**
    Class   1 & 2   **um**sebenzi   worker
            3 & 4   **um**sebenzi   work, job, exercise

iii) **-dlala**   **play**
    Class   1 & 2   **um**dlali   player
            3 & 4   **um**dlalo   game

iv) **-thetha**   **scold/nag**
    Class   3 & 4   **um**thetho   law
            7 & 8   **isi**thetho   favourable judgement
            7 & 8   **isi**thethi   scolding, nagging person

v) **-thanda**   **like/love**
    Class   7 & 8   **isi**thandwa   loved one/beloved/darling
            11   **u**thando   love

SECTION 5   VERB ENDINGS

Study the following examples

UThemba ufund**ela** isivivinyo   Themba is studying **for** an exam
Umfundisi ufund**isa** abantwana   The teacher teaches the children
Abafundi bayafundis**ana**   The students teach **one another**

Note

From the above examples it is clear that the final **-a** of the verb stem can be extended to alter the meaning of a verb. More than one extension can occur in the same verb.

-fund**isana**   teach one another (cause one another to learn)

THREE VERB ENDINGS

• THE VERB ENDING ELA

(**for** or **to/towards**)

for

-funda	→	-fund**ela**	study **for** ...
-sebenza	→	-sebenz**ela**	work **for** ...
-linda	→	-lind**ela**	wait **for** ...
-thenga	→	-theng**ela**	buy **for** ...
-vula	→	-vul**ela**	open **for** ...

to/towards

-buya	→	-buy**ela**	return **to**
-bhala	→	-bhal**ela**	write **to**
-fona	→	-fon**ela**	phone (**to**)
-gijima	→	-gijim**ela**	run **towards**
-tshela	→	-tshel**ela**	tell **for, on behalf of**

UMSEBENZI 16

Answer the following questions using one of the words given beneath and translate

1. Ulindelani lapha?
2. Ubhalela bani?
3. Uthengela bani izimpahla?
4. Nibuyela nini eGoli?
5. Ubaba usebenzela bani?
6. Indoda ivulela bani umnyango?
7. Abantu bavakashelaphi?
8. Umfana ufundelani?
9. Ufonela bani?
10. Abantwana bagijimelaphi?

Amagama

Inkosikazi	uLizo	uL.T.A	abantwana	ibhasi
kusasa	eGoli	emanzini	ubudokotela	amaphoyisa

Note

i)
Ngilind**ele**!	wait for **me**!
Ngibhal**ele**!	write to **me**!
Ngifon**ele**!	Phone (to) **me**!

ii) **-ela + -ni** is another way of asking **'why'** (for what)

Usebenz**elani**?	**Why** are you working?
Ufund**elani**?	**Why** are you studying?

THE VERB ENDING -ISA
(cause to do)
Note the following

-funda	(study)	→	-fund**isa**	teach
-sebenza	(work)	→	-sebenz**isa**	use
-bona	(see)	→	-bon**isa**	show
-dla	(eat)	→	-dl**isa**	feed
-thenga	(buy)	→	-theng**isa**	sell
-themba	(hope/trust)	→	-themb**isa**	promise, encourage
-phakama	(stand/get up)	→	-phakam**isa**	raise/lift
-sha	(burn)	→	-sh**isa**	cause to burn, hot
-bila	(boil)	→	-bil**isa**	make boil
-khula	(grow)	→	-khul**isa**	make grow, bring up

UMSEBENZI 16

Humusha ngesiNgisi

1. UThemba ufuna ukuthengisa imoto yakhe.
2. Phakamisa isandla uma uvuma.
3. Kunzima ukukhulisa abantwana.
4. Ilanga liyashisa namhlanje.
5. Usebenzisa ipensele noma ipeni?
6. Ngibonise umsebenzi wakho!
7. Bilisa amanzi!
8. Sidlisa amakati nenja, kusihlwa.
9. UMnu. Khumalo ufundisa isiZulu.
10. Ubaba wami ungithembisa imoto uma ngiphumelela.

Exceptions

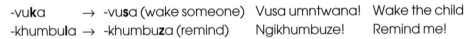

-vuka → -vu**sa** (wake someone) Vusa umntwana! Wake the child
-khumbula → -khumbu**za** (remind) Ngikhumbuze! Remind me!

THE VERB ENDING -ANA
(one another/each other)

-bona	→	-bon**ana**	see **one another**
-thanda	→	-thand**ana**	love **each other**
-zwa	→	-zw**ana**	understand **one another**
-siza	→	-siz**ana**	help **each other**
-bingelela	→	bingelel**ana**	greet **one another**

UMSEBENZI 17

Humusha ngesiNgisi

1. Ngokujwayelekile sibonana ngeSonto esontweni
2. Abasebenzi bayabingelelana ekuseni
3. UThemba noNomusa bayazwana
4. Abantwana bami bayathandana
5. Kubalulekile ukusizana

Note

Sobon**ana**!   We shall see **one another**! (See you!)

UMSEBENZI 19

*Give the correct form of the verb in brackets **(-ela, -isa, -ana)** and translate*

1. Ubhuti............................ uMnu. Mqadi (-sebenza)
2. Abangane .... (-siza)
3. Ubaba .... umhambi indlela (-khomba)
4. Intombi nomfana .... (-thanda)
5. Abantwana .... esikoleni kusasa (-buya)
6. Indoda .... bani? (-linda)
7. Umama .... amanzi ngegedlela (-bila)
8. UMeri .... abazali incwadi (-bhala)
9. UMnu. Mbiza .... izimoto (-thenga)
10. Inkosikazi .... abantwana izipho (-thenga)

INGXOXO

'Isicelo somsebenzi' (An application for work)

*Ehhovisi **lika**Mnu. Taylor. Ufuna unobhala.*

UMnu: Sawubona nkosikazi!
UNkosk: Sawubona mnumzane!
UMnu: **Ngingu**Michael Taylor. Wena **ungu**bani?
UNKosk: **Ngingu**Thandi Ndlovu.
UMnu: Ngiyajabula ukukwazi , nkosikazi.
UNkosk: Nami, ngiyajabula ukukwazi, mnumzane.
UMnu: **Ngicela** uhlal**e** phansi.
           (Bobabili bahlala phansi)
UMnu: Kuqala, ngifuna ukubuza imibuzo **nga**we.
UNkosk: Kulungile mnumzane.
UMnu: Uhlalaphi?

UNkosk:	Ngihlala eThembisa.
UMnu:	Uyasebenza?
UNkosk:	Cha, angisebenzi.
UMnu:	Ushadile?
UNkosk:	Yebo, ngishadile.
UMnu:	U**na**bantwana?
UNkosk:	Yebo, abantwana bami bathathu.
UMnu:	Umyeni wakho, yena, uyasebenza?
UNkosk:	Cha, akasebenzi. Uyagula.
UMnu:	Nkosikazi, unereferense?
UNkosk:	Yebo, nginayo, nansi.
UMnu:	Ngiyabonga.
	*UMnu Taylor uya**yi**bheka ireferense.*
UMnu:	Ilungile kakhulu. Uyakwazi ukusebenzisa ikhompyutha?
UNkosk:	Yebo, ngiyakwazi.
UMnu:	Kulungile. Sikhokha uR2 500 **nge**nyanga.
UNkosk:	Kulungile mnumzane.
UMnu:	Uya**wu**funa umsebenzi?
UNkosk:	Yebo, ngiya**wu**funa.
UMnu:	U**nga**qala nini?
Nkosk:	Ngi**nga**qala kusasa.
UMnu:	Kulungile-ke. Fika **ngo**-8 ekuseni.
UNkosk:	Kulungile. **Sobonana** kusasa.
Umnu:	**U**hamb**e** kahle nkosikazi.
UNkosk:	**U**sal**e** kahle mnumzane.

Unereferense?

Yebo nginayo. Nansi!

Ehhovisi likaMnu. Taylor

Note

i)
-cela	ask for, request
isicelo	a request
isicelo somsebenzi	an application for work
	Lit: a request of work
ukwenza isicelo somsebenzi	to apply for a job

ii)   Ehhovisi **lika**Mnu. Taylor   In the office **of** Mr Taylor

Postive/negative answers

* Uyasebenza?   Yebo, ngiyasebenza.
                              Cha, **angi**sebenz**i**.

* Ushadile?   Yebo, ngishadile.
                              Cha, a**ngi**shad**ile.**

* Unabantwana?   Yebo, nginabantwana.
                              Cha, anginabantwana.

* Umyeni wakho uyasebenza?   Yebo, uyasebenza.
                                                     Cha, **aka**sebenz**i**.

* Uyakwazi ukusebenzisa ikhompyutha   Yebo, ngiyakwazi.
                                                               Cha, **angi**kwaz**i**.

UMSEBENZI 19

Phendula imibuzo

1. UMnu. Taylor noNkosk. Ndlovu bahlanganaphi?
2. UNkosk. Ndlovu wenzani?
3. Yini umsebenzi wakhe?
4. UMnu. Taylor ufuna ukwenzani kuqala?
5. UNkosk. Ndlovu uyasebenza?
6. Unabantwana? Bangaki?
7. Uyakwazi ukusebenzisa ikhompyutha?
8. OMnu. Taylor bakhokhela malini ngenyanga?
9. UNkosk. Ndlovu uya**wu**thola umsebenzi?
10. Ungena **nga**sikhathi sini ekuseni?

WEDDINGS

A wedding, **umshado**, is considered a great occasion among African people. It is a time for feasting and rejoicing. From far and wide people come to join the celebrations which often last for days.

Lobolo, or dowry, is paid in cattle, after negotiations between the two families as to the number of cattle to be paid. This Lobolo is given as a gesture from the new husband to the father of the bride, after negotiations between the two families as to the number of cattle to be paid.

ISIGAMA

NOUNS

Class

Class	Noun	Meaning	Class	Noun	Meaning
7	**isi**bonelo	example	9	**in**kulumo	speech
5	**i**wele	twin	7	**isi**thandwa	loved one, darling
11	**u**thuli	dust			
5	**i**khekhe	cake	11	**u**thando	love
9	**i**ndodana	son	7	**isi**vivinyo	examination
3	**um**hla	day, date	7	**isi**hambi	traveller
5	**isi**thombe	photograph	14	**ubu**dokotela	medicine (field of)
9	**i**mfundo	education			
14	**ut**shani	grass	7	**isi**celo	request/ application
3	**um**thunzi	shade			
1	**um**fundisi	minister, clergyman	1a	**u**nobhala	secretary
			5	**i**referense	reference
1	**um**dlali	player	5	**i**khompyutha	computer
7	**isi**khulumi	speaker	3	**um**shado	wedding

VERBS

Stative Verbs

Verb	Meaning	Verb	Meaning
-phila	become well	-oma	become dry
-lunga	become right	-jabula	become happy
-phola	become cool	-khathala	become tired
-khuluphala	become fat	-oma	become thirsty
-onda	become thin	-sutha	become "full" (of food)
-phela	come to an end		
-lamba	become hungry	-hlala	sit, live
-baluleka	become important	-lala	sleep, lie down
-shada	marry, get married		
-hlanza	clean		

Other Verbs

-humusha	translate
-vakasha	visit
-vakashela	visit somebody/some place
-linda	wait
-sebenzisa	use
-khombisa	show
-dlisa	feed
-thengisa	sell
-thembisa	promise
-phakamisa	raise/lift
-shisa	make burn, set on fire
-bilisa	make boil
-khula	grow
-khulisa	make grow/bring up
-vusa	wake someone
-khumbuza	remind
-jabula	be happy/joyful/rejoice
-khuluma iqiniso	tell/speak the truth

GENERAL

-dala	old (adjective)
uqinisile	**you** are right (also: he/she)
kubalulekile	**It is** important
Sobon**ana**	We'll see **each other**
bobabili	**both (class 2 + 2a nouns)**
mali**ni**?	How much? (**what** money)

SUMMARY TABLE

Person	Noun	Verb Link Pos.	Verb Link Neg.	Object Pronoun	Absolute Pronoun	Am/is/are + Noun	Here is/are	Poss. link	All/every/whole
st		ngi-	angi-	-ngi-	mina	yi-			
		si-	asi-	-si-	thina	yi-			
nd		u-	awu-	-ku-	wena	ngu-			
		ni-	ani-	-ni-	nina	ni-			
rd Class									
	umzali / **umu**ntu	u-	aka-	-m-	yena	ng-	nangu	wa-	wonke
	abazali	ba-	aba-	-ba-	bona	ng-	naba	ba-	bonke
a	**u**baba	u-	aka-	-m-	yena	ng-	nangu	wa-	wonke
a	**o**baba	ba-	aba-	-ba-	bona	ng-	naba	ba-	bonke
	umthi / **umu**thi	u-	awu-	-wu-	wona	ng-	nawu	wa-	wonke
	imishini	i-	ayi-	-yi-	yona	y-	nayi	ya-	yonke
	ilifu / **ika**ti	li-	ali-	-li-	lona	y-/l-	nali	la-	lonke
	amafu	a-	awa-	-wa-	wona	ng-	nawa	a-	onke
	isitimela	si-	asi-	-si-	sona	y-	nasi	sa-	sonke
	izitimela	zi-	azi-	-zi-	zona	y-	nazi	za-	zonke
	intaba / **im**vula	i-	ayi-	-yi-	yona	y-	nayi	ya-	yonke
0	**izi**ntaba / **izi**mvula	zi-	azi-	-zi-	zona	y-	nazi	za-	zonke
1	**ulu**thi / **u**donga	lu-	alu-	-lu-	lona	ng-/l-	nalu	lwa-	lonke
4	**ubu**suku	bu-	abu-	-bu-	bona	ng-	nabu	ba-	bonke
5	**uku**dla	ku-	aku-	-ku-	khona	ng-	naku/ nakhu	kwa-	konke

SECTION 1 POINTS OF INTEREST

1. AMAGAMA • NAMES

5/6	**i**gama	**ama**gama	name
7/8	**isi**bongo	**izi**bongo	surname
7/8	**isi**thakazelo	**izi**thakazelo	clan name

AMAGAMA • FIRST NAMES

Giving a child a name is a great event. The child may be named after some-one (an ancestor or some other important person) or after any event that coincides with the birth.

Very often the name reflects what the birth of that child means to the parents. Thus:

Themba	is hope
Sipho	is a gift
Thandiwe	is a loved one
Nomvula	was born on a rainy day

Notice the following interesting points about Zulu first names:

i) These masculine/feminine names are **derived from the same stem.**

Abafana	**Amantombazane**	
Themba	Themb**eka**	(ithemba > hope)
Sipho	**No**sipho	(**isi**pho > gift)
Musa	**No**musa	(**u**musa > mercy)
Njabulo	**No**njabulo	(injabulo > joy)
Mpumelelo	**No**mpumelelo	(impumelelo > success)
Nhlanhla	**No**nhlanhla	(inhlanhla > luck)
Mbuso	**No**mbuso	(**um**buso > kingdom)

ii) Some names have the **same shortened form** for both the masculine and feminine.

Lindile	**(Lindi)**	Lindiwe	(-linda > wait for)
Jabulani	**(Jabu)**	Jabulile	(-jabula > be happy)
Thandiwe	**(Thandi)**	Thanduxolo	(-thanda > love)
			(uxolo > peace)

iii) Some names have **several variations.**

Jabu, Jabulani, Njabulo (m)   -jabula > be happy/glad

Mxoleli, Xolani, Mxolisi (m)   uxolo > peace

Thandiwe, Thandeka, Thandekile,

Noluthando (f)   -thanda > like/love

iv) Feminine names often **prefix No-.**

Noxolo	**u**xolo	peace
Nosipho	**isi**pho	gift
Nomvula	**i**mvula	rain
Nomadlozi	**ama**dlozi	ancestral spirits
Nomusa	**u**musa	mercy
Nobuhle	**ubu**hle	beauty
Nonjabulo	**i**njabulo	joy/happiness
Nonhlanhla	**i**nhlanhla	luck
Nomathemba	**ama**themba	hopes
Nombuso	**um**buso	kingdom

v) An interesting aspect of Zulu names is the **compounding of words.**

Themba**lethu**	**Our** hope
Thandabantu	One who loves people
Mandlenkosi	Strength of the chief
Thanduxolo	Lover of peace
Nkosinathi	God is with us
Ntombizodwa	Girls only
Mehloma**ne**	One who has **four** eyes (wears glasses)

IZIBONGO • SURNAMES

Note the following surnames and the word from which each is derived.

Nkosi	**i**nkosi	chief
Ndlovu	**i**ndlovu	elephant
Ntaba	**i**ntaba	mountain
Mfene	**i**mfene	baboon
Mlomo	**um**lomo	mouth
Mahlathini	**ama**hlathi	forests
Langa	**i**langa	sun
Zulu	**i**zulu	heaven, sky, universe

Izithakazelo • Clan Names

Clan names are of great importance in the Zulu culture. They show the family into which someone was born, and can be traced back to the oldest male ancestor remembered.

The following are well-known clan names Shenge, Dlamini, Mtungwa, Njomane, Mageba, Ntusi yenkomo, Khabazela, Mzimela, Zikode, Mntimande Gatsheni.

Both men and women keep their clan names throughout their lives. A woman usually prefixes Ma- to her clan name.
MaDlamini, MaShenge

Using a clan name when addressing someone is a sign of familiarity or respect.

The royal clan of the Zulu is the Ndabezitha clan.

Note

Ungubani **igama la**kho?	What is your **name**?
Ungubani **isibongo sa**kho?	What is your **surname**?
Sithini **isi**thakazelo **sa**kho?	What is your **clan name**?
(Lit: It says what, your clan name?)	

2. Place Names

Cities and Towns • Amadolobha namadolobhana

In, at, to or **from:**

Bloemfontein	eMangaung (Sotho)
Cape Town	eKapa
Durban	eThekwini
East London	eMonti
Ermelo	eMlomo
Estcourt	eMtshezi
Grahamstown	eRhini
Greytown	eMgungundlovana
Harrismith	eNtabazwe
Johannesburg	eGoli
Kimberley	eKhimbali

Ladysmith	eMnambithi
Nelspruit	eNaspoti
Pretoria	ePitoli
Pietermaritzburg	eMgungundlovu
Port Elizabeth	eBhayi
Volksrust	eLangwane
Vryheid	eFilidi

PROVINCES OF SOUTH AFRICA • IZIFUNDA ZASENINGIZIMU AFRIKA

KwaZulu-Natal	iKwaZulu-Natali
Gauteng	i-Gauteng
Free State	iFreyisitata
Northern Transvaal	iNyakatho
Western Cape	iNtshonalanga Kapa
Eastern Cape	iMpumalanga Kapa
Northern Cape	iNyakatho Kapa
North-West	iNyakatho Ntshona
Mpumalanga	iMpumalanga

Amagama

Class
5	**i**dolobha	city
5	**i**dolobhana	town
7	**isi**fundazwe	province

Note

There are nine provinces in all. Those listed will enable you to refer to the basic geographical regions in South Africa.

3. Nkosi Sikelel' iAfrika

Nkosi Sikelel' i-Afrika is a hymn that was written in 1897 by Enoch Sontonga, who was born in Lovedale in the Eastern Cape and later moved to Johannesburg. It was first sung in public at the ordination of a Shangaan minister in 1899. Later, seven more verses were written by the poet Samuel Mqhayi.

Usually only the first verse and chorus are sung in the **Zulu/Xhosa Version** followed by the **Sotho, Morena Boloka.** There are variations in some of the words of the first verse, as is shown below. There are also variations in the order of the words and the harmonization.

	Nkosi sikelel' iAfrika	Lord bless Africa
1	Maluphakanyisw' uphondo lwayo	May her horn rise up
2	Yizwa imithandazo yethu	Hear our prayers
3	Nkosi sikelela	Lord bless (us)
	Thina lusapho lwayo	We her family

(lines 3–4 repeated 2 x)

4	Woza Moya	Come Spirit
	Sikelela Nkosi Sikelela	Bless Lord bless
	Woza Moya Oyingcwele	Come Holy Spirit

(lines 4–6 repeated 2 x)

Nkosi sikelela	Lord bless (us)
Thina lusapho lwayo	We her family

Variations

1 Maluphakam'/Maluphakamisw'
2 Yiva nemithandazo
3 Usisikelele
4 Yiza Moya / Yihla moya

> Professor Tim Couzens, an historian, writes that Nkosi Sikelel' iAfika was composed as a hymn long before the founding of any of today's political parties. Furthermore, he says, it derived very definitely from a fusion of European and African culture. The hymn is, therefore, not an exclusive, but a common symbol. On the vexed question of language (no solution here can ever satisfy all groups) it goes some way towards reminding us a little about our past. The Xhosa, in which it was first written, contains the clicks which owe their origin to incorporation from the original Khoi languages.
>
> article from *Sunday Times* 13/10/93
> by Professor Tim Couzens

5. USEFUL EXPRESSIONS

Usuku oluhle!	Happy day! (Sometimes used for Happy Birthday)
UKhisimusi omuhle!	Merry Xmas!
Unyaka omusha omuhle!	Happy New Year!
IPhasika elihle!	Happy Easter!
Impelasonto enhle!	(Have a) nice weekend!
Siyakuhalalisela! (sing)	Congratulations (sing)
Siyanihalalisela! (pl)	Congratulations (pl)
Wamkelekile! (sing)	} Welcome
Namkelekile! (pl)	
Ngiyabonga kakhulu	Thank you very much (I am grateful)
Ngiyavuma/Angivumi	I agree/I do not agree

Amagama

Class
1a	uKhisimuzi	Christmas
3	uNyaka omusha	New Year
5	iPhasika	Easter
9	impelasonto	Weekend
	-halalisela	congratulate
	-amukela	welcome, receive, accept
	-amukelekabe	welcome, be acceptable
	-vuma	agree
	-bonga	thank, praise

6. 'SHOSHOLOZA'

SHOSHOLOZA is a well-know song, often sung by groups when working together. It is a reminder of how important it is to work as a team, and how a song can help to make life easier.

ICULO • SONG

Shosholoza! Shosholoza! kulezo ntaba
Stimela siphum' eZimbabwe
Wen' uyabaleka, wen' uyabaleka, kulezo ntaba
Stimela siphum' eZimbabwe
Shosholoza! Shosholoza! kulezo ntaba
Stimela siphum' eZimbabwe '
Yaho! Yaho! Yaho!

Shosholoza ... Shosholoza

Amagama

Class

	-shosholoza	move on swiftly
	kulezo ntaba	along those mountains
7	**isi**timela	train
	-baleka	run away, flee
	-phuma	emerge, come from

Note

Class

	-cula	sing
5	**i**culo	music
	-huba	sing, chant
5	**i**hubo	hymn, ceremonial or tribal song
9	**i**ngoma	song, anthem, hymn
	-dansa	dance (modern)
	-giya/-gida	dance (traditional – male)
	-sina	dance (traditional – female)

POST SCRIPT

As you are now well aware, many words in Zulu **look** and **sound** alike for example:

Nouns

- intaba — mountain
  indaba — matter
- ubusuku — night
  ubusika — winter
- ubuso — face
  ubisi — milk
- isela — thief
  isele — frog
- uxolo — peace
  igxolo — peel

Verbs

- -thatha — take
  -thetha — scold
- -dlala — play
  -hlala — sit/reside
- -cula — sing
  -cela — request
  -sula — wipe
- -philile — be well
  -phelile — be finished
  -pholile — be cool

ubisi

Ubuso

GENERAL

- ngoba — because
  kungani? — why?
- ukuthi — if/that
  kodwa — but

An amusing anecdote to illustrate this point is that of the student who decided she wanted to put her newly acquired Zulu into practice.

On her regular morning run, she passed a group of builders working on a house and she singled this out as a good place to start. Being on the move, she wouldn't be under any pressure to have to say too much!

She greeted them, remembering to use the plural greeting **Sanibonani**, and to drop off the initial vowel of the noun following! Their response was not what she had anticipated. However, she tried it again the following day. Still to no avail. What was the problem she wondered.

"What did you actually **say**?" I enquired. "**Sanibonani Madada!**" she replied!"

Note
amadada — ducks
amadoda — men

AMAGAMA

NOUNS
Class

Class			Class		
5	igama	name	7	isibongo	surname
7	isithakazelo	clan name	5	ithemba	hope
9	intobeko	humility	7	isipho	present
3	umusa	mercy	14	ubuhle	beauty
15	ukubonga	thanks/praise	9	injabulo	joy
9	indlovu	elephant	5	ihlathi	forest
5	idolobha	city	5	idolobhana	town
7	isifundazwe	province	11	uphondo	horn
3	umthandazo	prayer	5	isele/ixoxo	frog
1a	uKhisimusi	Christmas			
3	uNyaka omusha	New Year			
5	iPhasika	Easter			
5	iculo/ihubo	hymn/song			
5	isela	thief			
5	idada	duck			

VERBS

shona	disappear, sink, go down, pass away
sikelela	bless (Xhosa)
-ba	be, become
-jabulisana	rejoice
-halalisela	congratulate
-amukela	welcome, receive
-amukeleka	be welcome, be acceptable
-bonga	thank, praise
-shosholoza	move on swiftly
-cula	sing
-huba	sing
-dansa	dance (modern)
-giya/gida	dance (traditional – male)
-sina	dance (traditional – female)
-baleka	flee, run away

GENERAL

-ngcwele	holy

For **Place Names** see pages 164 & 165.

ANSWERS TO EXERCISES — IZIMPENDULO

CHAPTER 1

EXERCISE 1
1. Hullo chilld
2. Hullo children
3. Hullo student
4. Hullo students
5. Hullo Nomusa
6. Hullo grandmother
7. Hullo grandfather
8. Hullo young boy
9. Hullo young boys
10. Hullo doctor

EXERCISE 2
1. Hullo father
2. Hullo mother & others
3. Hullo brother
4. Hullo sister
5. Hullo students
6. Hullo 'mister'
7. Hullo 'lady'
8. Hullo 'miss'
9. Hullo gentlemen
10. Hullo ladies

EXERCISE 3
1. Hamba kahle Themba
2. Hamba kahle nkosikazi
3. Hamba kahle mnumzane
4. Hambani kahle bantwana
5. Hambani kahle Nomusa
6. Sala kahle mama
7. Sala kahle bhuti/mfowethu
8. Salani kahle baba
9. Salani kahle makhosikazi
10. Salani kahle banumzane

EXERCISE 4
1. Sawubona mama
2. Sawubona baba
3. Sawubona mntwana
4. Sanibonani bantwana
5. Sawubona nkosikazi
6. Sanibonani makhosikazi
7. Sawubona ndoda
8. Sanibonani madoda
9. Hamba kahle Nomusa
10. Salani kahle Themba

CHAPTER 2

EXERCISE 1
1. I am going
2. You are staying
3. I want **to go**
4. I want **to stay**
5. I like **Nomusa**
6. You are studying/reading/learning
7. I see
8. You speak **Afrikaans**
9. I want **a doctor**
10. I like **learning Zulu**

EXERCISE 2
1. Ngi**ya**funda
2. Ngifunda isiZulu
3. Ngithanda ukukhu-luma isiZulu
4. U**ya**hamba
5. Ufuna ukuhamba

EXERCISE 3
1. Ngifuna udokotela
2. Sidinga amanzi
3. Uthanda itiye
4. Nithanda ikhofi
5. Si**ya**hamba
6. Ngi**ya**phila
7. Si**ya**phila
8. Ngifunda ukukhuluma isiZulu
9. Sifunda ukukhuluma isiZulu
10. Ukhuluma/Nikhuluma kahle

CHAPTER 3

EXERCISE 1
1. Yebo, ngiyasebenza
2. Cha, ngiyasala
3. Yebo, ngifunda isiZulu
4. Cha, sifuna ikhofi
5. Yebo, siyaphila

EXERCISE 2
1. Uyezwa?/uyaqonda?   Yebo, ngiyezwa/ngiyaqonda
2. Uhlala ekhaya?   Yebo, ngihlala ekhaya
3. Nifuna amanzi?   Yebo, sifuna amanzi
4. Uyagula?   Yebo, ngiyagula
5. Uyasebenza?   Cha, ngisafunda
6. Niya ekhaya namhlanje?   Yebo, siya ekhaya namhlanje
7. Uyaphila?   Cha, ngiyagula
8. Niyahamba manje?   Yebo, siyahamba manje
9. Uyajabula?   Yebo, ngiyajabula
10. Ukhuluma isiZulu?   Yebo, ngikhuluma kancane

EXERCISE 3
1. Ngiyaphila
2. Ngivela eGoli
3. Ngifuna itiye
4. Ngifuna uSipho
5. Ngihamba manje
6. Siyaphila
7. Siya ekhaya
8. Sifunda isiZulu
9. Sibona uNomusa
10. Sihamba namhlanje

EXERCISE 4
1. ufundani?
2. Nivelaphi?
3. Ufuna bani?
4. Ninjani?
5. Ubonani?
6. Uyaphi?
7. Ubona bani?
8. Nifunani?
9. Bahamba nini?
10. Uhamba nini?

EXERCISE 5

1. Ungubani igama lakho?   **Nginqu**Nomusa
2. Ngubani isibongo sakho?   **Ngu**Khumalo
3. Ungubani?   **Nginqu**Nomusa Khumalo
4. Ngubani isikhathi?   **Ngu**11.15
5. Uvelaphi?   Ngivela eThekwini
6. Uhlalaphi?   Ngihlala eGoli
7. Uyasebenza?   Yebo, ngiyasebenza
8. Usebenzaphi?   Ngisebenza eGoli
9. Ukhuluma isiNgisi?   Cha, ngikhuluma isiZulu
10. Ufunani?   Ngifuna umsebenzi

CHAPTER 4

UMSEBENZI 1

1.	umoya	6.	amathikithi
2.	isikhathi?	7.	umsebenzi
3.	amagama	8.	amanzi
4.	isiSuthu	9.	isipho
5.	igama	10.	esikoleni

UMSEBENZI 2

The students are learning Zulu. They are learning well.
John says: "I like speaking Zulu."
Mary says: "I like speaking Zulu too."
John and others say "We are learning? We are glad!"
Mr Mhlaba the teacher says: "Students, you are working nicely."

UMSEBENZI 3

a) Verb link = **u-**
1. The person is talking
2. Mary buys stamps
3. The woman is working
4. The student learns Xhosa
5. Father helps brother

b) Verb link = **ba-**
1. The people are glad
2. Mary (and others) are glad
3. The women work
4. The students understand well
5. Father (and others) help the lady

UMSEBENZI 4

1.	**u-**	The child is playing.	He/she is playing nicely.
2.	**ba-**	The children are helping.	They help (their) parents.
3.	**u-**	Grandmother is ill.	She is very ill.
4.	**u-**	Jabulani is drinking.	He is drinking coke.
5.	**ba-**	The parents are drinking.	They are drinking tea.
6.	**u-**	The boy is eating.	He is eating bread.
7.	**ba-**	The brothers are leaving.	They are leaving now.
8.	**u-**	The teacher is talking.	He/she is talking outside.
9.	**ba-**	The gentlemen are working.	They are working inside.
10.	**u-**	The woman is buying.	She is buying eggs.

UMSEBENZI 5

1. Abantu **ba**yahamba
2. Udokotela **u**siza abantu
3. Ubaba **u**phuza ikhofi kodwa umama uphuza itiye
4. Umntwana **u**thanda iphalishi
5. UJohn **u**funda iphephandaba
6. Abafana **ba**funa umsebenzi
7. OThandi **ba**yasebenza
8. Abantwana **ba**hlala ekhaya
9. USipho **u**hlala eThekwini kodwa uThandi **u**hlala eKapa
10. **Si**hlala eNingizimu Afrika

UMSEBENZI 6

1.	**imi**buzo	3 & 4	question	6.	**ama**zwe	5 & 6	country
2.	**izi**tulo	7 & 8	chair	7.	**imi**thi	3 & 4	tree/medicine
3.	**ama**sondo	5 & 6	wheel	8.	**ama**phephandaba	5 & 6	newspaper
4.	**imi**thetho	3 & 4	law	9.	**izi**kole	7 & 8	school
5.	**izi**fo	7 & 8	disease	10.	**izi**bhamu	7 & 8	gun

UMSEBENZI 7

1. Umama **u**thenga **isonka**
2. UZola **u**thela **amanzi**
3. Abantwana **ba**thanda ukudla **iphalishi**
4. Umfundi **u**buza **umbuzo**
5. OThemba **ba**funda **iphephandaba**
6. Iphoyisa **Li**buza **imibuzo**
7. Umzali **u**funa **udokotela**
8. Umoya **u**vunguza kakhulu **namhlanje**
9. Umsebenzi **u**shintsha **isondo**
10. Amawele **a**hleli **kamnandi**

UMSEBENZI 8

1. Yebo, uyasebenza
2. Usebenza eThekwini
3. Yebo, uthanda umsebenzi wakhe
4. Yebo, kuyashisa eThekwini
5. Yebo, uyasebenza
6. Usebenza ekhaya
7. Yebo, bayafunda
8. Bafunda eVukuzakhe, eMlazi
9. Basiza abazali ekhaya
10. Bahleli kamnandi eThekwini!

CHAPTER 5

UMSEBENZI 1

1. Sizani	Help
2. Hambani	Go
3. Sebenzani	Work
4. Bhekani	Look
5. Wozani	Come
6. Thulani	Be quiet
7. Vukani	Wake up
8. Phakamani	Get up
9. Lalelani	Listen
10. Gezani	Wash

UMSEBENZI 2

1. Ngena	Ngenani
2. Hlala phansi	Hlalani phansi
3. Hamba kahle	Hambani kahle
4. Sala kahle	Salani kahle
5. Thela amanzi	Thelani amanzi
6. Thenga isinkwa	Thengani isinkwa
7. Geza imoto	Gezani imoto
8. Siza umfazi	Sizani umfazi
9. Biza abantwana	Bizani abantwana
10. Bheka lapha	Bhekani lapha

UMSEBENZI 3

1. Bheka Nomusa
2. Vukani bantwana
3. Hamba kahle Themba
4. Salani kahle oLizo
5. Lalelani bafundi
6. Vuka nsizwa
7. Thulani bantwana
8. Lalela kahle mntwana
9. Hlala phansi nkosikazi
10. Hlalani phansi banumzane

UMSEBENZI 4

1. **Y**idla
2. **Y**idlani
3. **W**oza lapha
4. **W**ozani lapha
5. **Y**enza itiye

UMSEBENZI 5

1. hlala		6. **Y**enza
2. Woza		7. Vula/vala
3. phuza		8. **Y**idla
4. Vula/vala		9. Lalela
5. funda		10. **Y**iya

UMSEBENZI 6

1. Musa ukukhuluma — Musani ukukhuluma
2. Musa ukubheka — Musani ukubheka
3. Musa ukudlala ngaphandle — Musani ukudlala ngaphandle
4. Musa ukuya manje — Musani ukuya
5. Musa ukuza kusasa — Musani ukuza kusasa

UMSEBENZI 7

Singular

1. Khuluma isiZulu. Musa ukukhuluma isiNgisi
2. Vala ifasitela. Musa ukuvala ifasitela
3. Buza ubaba. Musa ukubuza ubaba
4. Biza udokotela. Muza ukubiza uLizo
5. Wozo namhlanje. Musa ukuza kusasa

Plural

1. Khulumani isiZulu. Musani ukukhuluma isiNgisi
2. Valani ifasitela. Musani ukuvala ifasitela
3. Buzani ubaba. Musani ukubuza ubaba.
4. Bizani udokotela. Musani ukubiza udokotela
5. Wozani namhlanje. Musani ukuza namhlanje

UMSEBENZI 8

1. Musa ukukhohlwa
2. Musa ukuqamba amanga
3. Musa ukubanga umsindo
4. Musa ukuhleka
5. Musa ukukhala

UMSEBENZI 9

a)
1. Abantwana basiza abazali
2. Ubaba ufuna ukugeza imoto
3. UThemba usiza ubaba
4. Basebenza ngaphandle
5. UNomusa ukhipha udoti
6. UNomusa uyashanela
7. Uyahlamba. Uhlamba izingubo
8. Bonke bayasebenza
9. Yebo, kulungile
10. Yebo, ngiyasiza. Ngigeza izingubo

b)
Umama ubiza abantwana. Kukhona umsebenzi kakhulu namhlanje. Bayeza. UThemba usiza ubaba ngaphandle. Bageza imoto. UNomusa ukhipha udoti. Emuva kwalokho ushanela phansi ekhishini. Umama uhlamba izingubo ngaphakathi. Bonke bayasebenza.

UMSEBENZI 10

1. **izi**ncwadi   9 &10   book
2. **izi**nja   9 &10   dog
3. **izi**nyoni   9 &10   bird
4. **izi**ndlovu   9 &10   elephant
5. **izi**ngozi   9 &10   danger
6. **izi**nyoka   9 &10   snake
7. **izi**mfundo   9 &10   lesson
8. **izi**mbali   9 &10   flower
9. **izi**mali   9 &10   money
10. **izi**ntaba   9 &10   mountain

UMSEBENZI 11

1. incwadi   I am reading a **book**
2. ingozi   Beware of the **danger** here
3. into   Do you want **something** 'to' eat?
4. izindlu   The people want **houses**
5. izindaba   Listen to the **news**
6. inyoka   Do not touch the **snake**
7. izimpahla   Do not forget your **belongings/goods**
8. imoto   I want to buy a **car**
9. izinja   The child likes his/her **dogs**
10. izimbali   Smell the **flowers**

UMSEBENZI 12

1. **zi-**   The cars are arriving
2. **zi-**   The young woman answers the teacher
3. **i-**   The woman helps grandmother
4. **zi-**   The dogs see the cat
5. **i-**   The man reads the book
6. **a-**   The girls get up
7. **a-**   The women go to town
8. **i-**   The chief scolds the people
9. **i-**   The 'miss' works at the Carlton Centre
10. **a-**   The men work outside

UMSEBENZI 13

1. Indoda **i**geza **imoto**.   The man washes **the car.**
2. Izintombi **zi**thenga **izinto**.   The young women they buy **things.**
3. Intombazana **i**vela esikoleni.   The girl comes **from school.**
4. Izinkomo **zi**phuza **amanzi**.   The cattle drink **water.**
5. Intombazana **i**shanela **phansi**.   The girl sweeps **the floor.**
6. Izimoto **zi**hamba **kusasa**.   The cars leave **tomorrow.**
7. Imoto **i**vela **eGoli**.   The car comes **from Johannesburg.**
8. Izinja **zi**luma **abantu**.   The dogs bite **people.**
9. Inja **i**thanda **inyama**.   The dog likes **meat.**
10. Inkosikazi **i**cela **imali**.   The woman asks for **money.**

UMSEBENZI 14

1. Umfana ubingelela ugogo.
2. Ufunda incwadi.
3. Yebo, kukhona imifanekiso.
4. Ipenda indlu.
5. Ubamba iladi. Usiza ubaba.
6. Ziyadlala
7. Iyapheka
8. Ipheka ekhishini
9. Yebo, bonke bayajabula
10. Yebo, ngiyajabula.

UMSEBENZI 15

Umfana ufunda incwadi. Kukhona imifanekiso encwadini. Ugogo ubingelela umfana. Babheka imifanekiso. Babona indoda. Ipenda indlu. Umfana uyasiza. Ubamba iladi. Amantombazana ayadlala. Inkosikazi iyapheka. Ipheka ekhishini. Bonke bayajabula.

UMSEBENZI 1

3 & 4	umzimba	imizimba	body	7 & 8	isifuba	izifuba	chest
3 & 4	umlomo	imilomo	mouth	7 & 8	isandla	izandla	hand
3 & 4	umlenze	imilenze	leg	7 & 8	isisu	izisu	stomach
3 & 4	umunwe	iminwe	finger	7 & 8	isinqe	izinqe	buttock
5 & 6	iliso	amehlo	eye	11 & 10	unwele	izinwele	hair
5 & 6	ikhanda	amakhanda	head	9 & 10	indlebe	izindlebe	ear
5 & 6	idolo	amadolo	knee	9 & 10	intamo	izintamo	neck
5 & 6	izinyo	amazinyo	tooth	9 & 10	ingalo	izingalo	arm
5 & 6	ihlombe	amahlombe	shoulder	11 & 10	unyawo	izinyawo	foot
5 & 6	ikhala	amakhala	nose	11 & 10	uzwane	izizwane	toe
				14	ubuso	–	face

UMSEBENZI 2

1. minister (of religion)
2. shop keeper
3. postman
4. teacher
5. taxi owner
6. mechanic
7. engineer
8. judge
9. nurse
10. dentist

UMSEBENZI 3

1. Danger
2. No dumping here
3. No entry
4. No smoking
5. Peace! Jobs! Freedom!
6. Private Property
7. No entry
8. Beware of the dog!
9. Exit
10. Information

CHAPTER 6

UMSEBENZI 1

1. ekhaya — Mother works **at** home
2. egaraji — Father buys petrol **at** the garage
3. epulazini — It is nice to live **on** a farm
4. eGoli _ _ _ eKapa — The Ms come **from** Jhbg but they live **in** CT now
5. Emini _ _ _ ebusuku — **In** the day we work but **at** night we sleep

UMSEBENZI 2

1. Ngivela eBhayi
2. Ngihlala ePitoli
3. Ngiya egaraji
4. Ngivela ekhemisi
5. Ngifunda eyunivesithi

UMSEBENZI 3

1. Sivela **ku**gogo manje — We (have) come **from** grandmother now
2. Siya **ko**Mfeka kusasa — We are going **to** the Mfekas tomorrow
3. Vmntwana uya **ku**dokotela namhlanje — The child is going **to** the doctor today
4. Sicela usizo **ku**Nkulunkulu — We ask for help **from** God
5. Ubaba uthanda ukulalela izindaba **ku**rediyo — Father likes **to** listen to the news **on** the radio

UMSEBENZI 4

1. esinkw**eni** — on the bread
2. esitolo — at/to/from/in the shop
3. ebhange — at/to/from/in the bank
4. emotw**eni** — to/from/in the car
5. emsebenz**ini** — at/to/from work
6. ephephe**ni** — on the page
7. epos**ini** — in the post
8. egedlel**eni** — in the kettle
9. esitulw**eni** — on the chair
10. ekamelw**eni** — at/to/from/in the room

UMSEBENZI 5

1. Bhala igama lakho enwad**ini** — Write your name **in** the book
2. UMary ubeka ukudla etaful**eni** — Mary puts food **on** the table
3. Ubaba usebenza edolobh**eni** — Father works **in** town
4. Ngibona umngane endlel**eni** — I see a friend **on** the road
5. Musa ukuhamba emvul**eni** — Do not walk **in** the rain
6. Musa ukudlala elang**eni** namhlanje, kushisa kakhulu — Do not play **in** the sun today, it is very hot
7. Ikati ithanda ukulala embhed**eni** — The cat likes to sleep **on** the bed
8. Kukhona abantu abaningi ejele — There are a lot of people **in** jail
9. Bheka izinyoni emuth**ini** — Look at the birds **in** the tree
10. Abantu bagibela ebhas**ini**

UMSEBENZI 6	UMSEBENZI 7	
1. egaraji	1. Kukhona ushukela etiyeni?	Is there sugar in the tea?
2. ebhange	2. Kukhono amanzi egedleleni?	Is there water in the kettle?
3. eposini	3. Gcoba ibhotela esinkweni.	Spread the butter on the bread
4. ekhemisi	4. Umama usebenza ekhishini.	Mother is working in the kitchen
5. esitolo	5. Sivakashela umngane esibhedlela.	We visit a friend at the hospital
	6. Khipha izimpahla emotweni!	Take the goods out of (from) the car
	7. Lalela izindaba kumabonakude/kuthelevishini	Listen to the news on the radio
	8. Ubhuti uvela koSipho	Brother comes from Sipho and friends
	9. Abantwana badlala endlini	The children are playing in the house
	10. Sidinga imisebenzi eNingizimu Afrika	We need jobs in South Africa.

UMSEBENZI 8

1. Umama uthenga isinkwa esitolo
2. Khipha ubisi efrijini
3. Abafana bahlala epulazini
4. Amantombazane aya kugogo kusasa
5. Ubonani emfanekisweni?
6. Ngiya edolobheni
7. Ubaba usebenza emini kodwa ebusuku uyalala
8. Niya koSmith kusasa?
9. Abantwana bafunda isiZulu esikoleni
10. Qaphela izimoto ezindeleleni!

UMSEBENZI 9

1. Baya edolobheni
2. Ubaba ukhipha imoto egaraji
3. Omama bagibela imoto
4. Uya ehhovisi
5. Uya ebhange
6. Uya eposini
7. Ufuna ukuposa izincwadi nokuthenga izitembu
8. Bacela izimpahla
9. Beware of the cars on the roads
10. Ngikhathele

UMSEBENZI 10

Omazibuko baya edolobheni. Bagibela emotweni. Ubaba uya ehhovisi. Umama uya ebhange. Ukhipha imali. Emuva Kwaloko uya eposini. Uposa izincwadi. Uthenga izitembu. Abantwana bacela izimpahla. UThemba ucela ibhulukwe nehembe. Emuva Kwalokho baya ekhaya. Bakhathele!

UMSEBENZI 11

7 & 8	isigqoko	izigqoko	hat	5 & 6	ibhantshi	amabhantshi	jacket
5 & 6	ibhulukwe	amabhulukwe	trousers	5 & 6	isokisi	amasokisi	sock
5 & 6	ihembe	amahembe	shirt	7 & 8	isicathulo	izicathulo	shoe
9 & 10	ingubo	izingubo	dress	1a & 2a	uthayi	othayi	tie
7 & 8	isiketi	iziketi	skirt	5 & 6	ibhande	amabhande	belt
5 & 6	ijezi	amajezi	jersey				

UMSEBENZI 12

1. It is cold in winter but in summer it is hot
2. It is pleasant in spring but the wind blows a lot in autumn
3. The schools close in December and in January
4. On Monday, on Tuesday, on Wednesday, on Thursday and on Friday we work
5. On Saturday we go to town
6. On Sunday we go to church
7. The children study (go to school) in the morning. They play games in the afternoon
8. Father arrives home at 6.00 in the evening
9. "Excuse me, what time is it 'lady'?" "It is 5.10".
10. I try to speak Zulu every day

CHAPTER 7

UMSEBENZI 1

1.	Isinkwa namanzi	bread and water	6. UNomusa noThemba	Nomusa and Themba
2.	Isinkwa nebhotela	bread and buttter	7. Intombazane nomfana	girl and boy
3.	Isinkwa nobisi	bread and milk	8. Amantombazane nabafana	girls and boys
4.	Umntwana nabazali	child and parents	9. Izicathulo nesigqoko	shoes and hat
5.	U-oyela nebhethri	oil and battery	10. isiZulu nesiBhunu	Zulu and Afrikaans

UMSEBENZI 2
1. Omama nobaba — Mothers and fathers
2. Obhuti nosisi — Brothers and sisters
3. Abafowethu nodadewethu — Brothers and sisters
4. OSipho noThandi — Sipo and co. and Thandi and co.
5. Ogogo notatomkhulu — Grandmothers and grandfathers

UMSEBENZI 3
1. Isikhathi **ne**mali — time **and** money
2. Ibhange **ne**posi — Bank **and** post office
3. Indoda **no**mfazi — Man **and** woman
4. Amadoda **na**bafazi — Men **and** women
5. Umlilo **no**moya — fire **and** wind
6. Ibhulukwe **ne**hembe — Pants **and** shirt
7. Umnyango **na**mafasitela — door **and** windows
8. Imimese **ne**zimfologo — knives **and** forks
9. Ubhuti **no**Sipho — Brother **and** Sipho and others
10. Imali **na**mandla — Money **and** power

UMSEBENZI 4
1. **ba-** Mother and father work
2. **zi-** The taxi and the bus arrive at 8.00 in the morning
3. **ba-** Thandi and Sipho are playing outside
4. **ba-** The men and the women they work on a farm
5. **ba-** The boys and girls are playing

UMSEBENZI 5
1. Sifunda ukubhala **noku**khuluma isiZulu
2. Abantu bathanda ukudla **noku**phuza
3. Abantwana bathanda ukudlala **noku**gijima
4. Ngempelasonto sithanda ukuphumula **noku**lala
5. Ngiyakwazi ukukhuluma **noku**funda isiZulu

UMSEBENZI 6
1. **No**Thandi. I want to talk **to** Thandi.
2. **Na**bazali. The children return home **with** the parents.
3. **Ne**nja. The man walks on the mountain **with** the dog.
4. **No**baba. Lizo works **with** father.
5. **Na**bafana. The girls play **with** the boys.

UMSEBENZI 7
1. Ngixoxa **no**Jenny. — I am chatting **to** Jenny.
2. UZodwa uhlala **no**mngane. — Zodwa lives **with** a friend.
3. Badlala **na**bangane. — They play **with** friends.
4. Ngifuna ukukhuluma **no**Nomusa. — I want to talk **to** Nomusa.
5. Ubhuti usebenza **no**Themba **no**Lizo. — Brother works **with** Themba and Lizo.

UMSEBENZI 8
1. Ngi**no**mntwana. — I **have** a child.
2. Ngi**na**bantwana. — I **have** children.
3. Ngi**ne**nja. — I **have** a dog.
4. Ngi**na**makati. — I **have** cats.
5. Ngi**no**msebenzi. — I **have** a job.
6. Ngi**ne**ndlu. — I **have** a house.
7. Ngi**na**bangane. — I **have** friends.
8. Ngi**ne**sitembu. — I **have** a stamp.
9. Ngi**no**bisi. — I **have** milk.
10. Ngi**ne**phephandaba. — I **have** a newspaper

UMSEBENZI 9
1. U**no**msebenzi? Yebo, ngi**no**msebenzi
2. U**ne**sikhathi? Yebo, ngi**ne**sikhathi
3. U**ne**thikithi? Yebo, ngi**ne**thikithi
4. U**ne**sibhamu? Yebo, ngi**ne**sibhamu
5. U**ne**ncwadi? Yebo, ngi**ne**ncwadi

UMSEBENZI 10
1. Indoda i**ne**moto. — The man **has** a car.
2. UMary u**no**mntwana. — Mary **has** a child.
3. Izintombi zi**na**bangane. — The young women **have** friends.
4. Ubaba u**ne**pulazi. — Father **has** a farm.
5. Omakhelwane ba**ne**zinja. — The neighbours **have** dogs.

UMSEBENZI 11
1. Yebo, u**na**bazali. — Yes, he/she **has** parents.
2. Yebo, ba**ne**zincwadi. — Yes, they **have** books.
3. Yebo, i**no**msebenzi. — Yes, he **has** a job.
4. Yebo, ba**ne**zicathulo. — Yes, they **have** shoes.
5. Yebo, ngi**ne**bhantshi. — Yes, I **have** a jacket.

UMSEBENZI 13
1. **Na**bantwana. Parents **and** children are coming.
2. **No**kubhala. I know how to speak **and** write Zulu.
3. **Ne**ntombi. Sipho is talking **to** the young woman.
4. U**ne**khanda. Nomusa **has** a head (ache).
5. Ngi**ne**nkinga. I **have** a problem

UMSEBENZI 12
1. Ngi**ne**khanda. — I **have** a headache.
2. U**ne**sifuba. — He/she **has** a (bad) chest.
3. I**no**mona. — She **has** jealousy (is jealous)
4. U**ne**sithuthuthu. — He **has** a motorbike
5. U**ne**nkinga. — He **has** a problem.

UMSEBENZI 14

1. **Ngo**mmese. We eat **with** a knife and a fork.
2. **Nga**manzi. We wash **with** soap and water.
3. **Nge**moto ... **nge**sitimela. The boy goes **by** car or **by** train.
4. **Nge**zinyawo. The children go **on** foot.
5. **Nge**sandla. The man holds father **by** the hand (shakes hands).
6. **Nge**mali. We buy clothes/goods **with** money.
7. **Nge**pensele ... **nge**peni. Do you prefer to write **with** a pencil or **with** a pen?
8. **Nge**zandla. The children like to eat **with** (their) hands.
9. **Ngo**mmese. Cut the bread **with** a knife.
10. **Nga**manzi. Fill the kettle **with** water.

UMSEBENZI 15

1. Uhamba **nge**sithuthuthu. He goes **by** motorbike.
2. Baya **nge**zinyawo. They go **on** foot.
3. Ikhokha **nge**sheke. She pays **by** cheque.
4. Ngibhala **nge**peni. I write **with** a pen
5. Zithanda ukuhamba **nge**thekisi. They like to go **by** taxi.

UMSEBENZI 16

1. **Ngo**baba. The woman asks **about** father.
2. Bakhuluma **nge**sikole. They are talking **about** school.
3. Ubhala **nge**holide. They are writing **about** the holiday.
4. Bafunda **nge**zinyoka. The children are learning **about** snakes.
5. Axoxa **nga**bafana. The young girls are talking **about** boys.

UMSEBENZI 17

1. Ukhuluma **ngo**Thandi. The teacher is talking **about** Thandi.
2. Ubuza **nge**ngozi. The boy is talking **about** the accident.
3. **Ngo**msebenzi. Tell me **about** your job.
4. **Ngo**sizo. Thank you very much **for** the help.
5. **Nge**mali. Thank you very much **for** the money.

UMSEBENZI 18

1. Uya ngethekisi emsebenzini.
2. Uthanda ukuxoxa nabantu.
3. Baxoxa ngomsebenzi, ngekhaya nangabangane.
4. Ufunda isiNgisi emsebenzini.
5. Babuyela ekhaya ngo 5.30 kusihlwa
6. UThemba, yena, unesithuthuthu.
7. Ngoba siyashesha.
8. Abantwana, bahamba ngezinyawo
9. Cha/Yebo.
10. Mina, ngihamba ngemoto.

UMSEBENZI 19

1. **yena** Brother, **as for him,** he is laughing
2. **bona** The children, **as for them,** they are making a noise.
3. **yena** The child, **as for him/her,** he/she is telling lies.
4. **bona** Thandi and co, **as for them,** they are asking for the key.
5. **yona** The young woman, **as for her,** she is crying.
6. **zona** The young women, **as for them,** they are resting.
7. **sona** The train, **as for it,** it is arriving.
8. **zona** The trains, **as for them,** they arrive late today.
9. **yena** Father, **as for him**, he works in town.
10. **bona** The neighbours, **as for them,** they are moving.

UMSEBENZI 20

1. wena
2. mina
3. yena
4. bona
5. nina
6. thina

UMSEBENZI 21

1. Ufuna ukuKhuluma **nami**?
2. Yebo, ngifuna ukukhuluma **nawe**.
3. **Nami**, ngiyeza.
4. **Nathi**, siyaphila
5. Sikhuluma **ngaye**
6. Incwadi ivela **kubo.**
7. Unemali? Yebo, **nginayo.**
8. Ninabantwana? Yebo, sinabo.
9. Uhamba **nge**ndiza? Yebo, ngihamba **ngayo.**
10. Si**nga**hlangana **nani** kusasa?

UMSEBENZI 22

1. nawe. I want to meet with you tomorrow.
2. noyise. naye. The child resembles his father. He resembles him.
3. noThandi. naye. Jabu is marrying Thandi. He is marrying her.
4. nabangane. nabo. Thandi is meeting friends. She is meeting them.
5. nonina. naye. The girl resembles her mother. She resembles her.

UMSEBENZI 23

UThandi ubingelela abangane (bakhe). Bayaxoxa. Baxoxa **nga**bantwana, **ngo**msebenzi, **nge**mali, njalo njalo. Uhlala phansi **na**bo. Babuza imibuzo. UThandi uyaphendula. Uthi u**na**bantwana – umfana **nen**tombazane. Bona, bayafunda. Baya esikoleni **nge**zinyawo. UThandi, yena. uyafundisa. Uya emsebenzini **nge**thekisi noma **nge**bhasi. Umyeni (wakhe), yena, uhamba **nge**moto, kodwa uphethroli uyadula. Abangane, **na**bo bayakhala **nge**mali. Yonke into iyadula namhlanje. Si**nga**thini? UThandi uya ekhaya ngoba kuleyithi. Abantwana babuya esikoleni **ngo**2. Uyabingelela (she greets).

UMSEBENZI 24

1. Ufuna ukukhuluma noThandi.
2. Cha, akekho
3. Ubuya ngo2 ntambama.
4. Ucela ukushiya umyalezo.
5. Yebo, unayo.
6. Ukhuluma nomama kaThandi.
7. Ngingakhuluma noJabulani?
8. Ngokuqinisekileyo.
9. Ngikhuluma nobani?
10. Ngingashiya umyalezo?

CHAPTER 8

UMSEBENZI 1

1.	11 & 10	udonga	**izin**donga	wall /gully
2.	14	ubuntu	–	humanity
3.	15	ukukhuluma	–	speaking
4.	14	ubuhle	–	beauty
5.	11	uxolo	–	peace
6.	14	ubusika	–	winter
7.	11 & 10	ucingo	**izing**cingo	phone
8.	15	ukufa	–	death
9.	15	ukwindla	–	autumn
10.	11 & 10	ulwandle	**izil**wandle	sea

UMSEBENZI 2

1. **lu**yadula — Milk is expensive
2. **bu**yadula — Liquor is expensive
3. **ku**yadula — Food is expensive
4. **bu**yafika — Winter is arriving
5. **lu**mnandi — Honey is nice
6. **ku**njani? — How is it?
7. **ku**lungile — It is fine
8. **ku**mnandi — It is nice
9. **ku**yashisa — It is hot
10. **ku**yabanda — It is cold

UMSEBENZI 3

1. Ukudla **ku**duma. — The food is tastless.
2. Ubisi **lu**mhlope — Milk is white.
3. Ubuso **bu**bomvu. — The face is red.
4. Ukukhetha **ku**nzima — To choose is difficult.
5. Ubusuku **bu**mnyama. — The night is dark.
6. Ulwandle **lu**mpunga. — The sea is grey.
7. Ukubhala **ku**lula. — Writing is easy.
8. Ukuphila **ku**nzima. — Life is difficult.
9. Uzwane **lu**buhlungu. — The toe is painful.
10. Uju **lu**mnandi. — Honey is nice.

UMSEBENZI 4

1. U**s**endlini. — She is in the house
2. U**s**emotweni. — It is in the car.
3. Ba**s**emsebenzini. — They are at work.
4. I**s**esibhedlela. — She is in hospital.
5. U**s**ekhishini. — She is in the kitchen.
6. Li**s**eThekwini. — It is in Durban.
7. I**s**ejele. — He is in jail.
8. Lu**s**efrijini. — It is in the fridge.
9. Bu**s**etafuleni. — It is on the table.
10. Ku**s**ekhabetheni. — It is in the cupboard.

UMSEBENZI 5

1. U**n**jani umama? — How is mother?
2. Ba**n**jani obaba? — How are father and co.?
3. I**n**jani inkosikazi yakho? — How is your wife?
4. U**n**jani umyeni wakho? — How is your husband?
5. Ba**n**jani abantwana? — How are the children?
6. U**n**jani umsebenzi? — How is the job?
7. Si**n**jani isikole? — How is school?
8. Zi**n**jani izinja? — How are the dogs?
9. I**n**jani impilo? — How is life?
10. Li**n**jani izulu? — How is the weather?

UMSEBENZI 6

1. UMary uphandle — Mary is outside
2. Izinja ziphakathi — The dogs are outside
3. Abantu baphambili — The people are in the front
4. Ingadi i**s**emuva kwendlu — The garden is behind the house
5. Umuthi u**s**eceleni kwendlu — The tree is on the side of the house
6. Izimpahla zilapha — The goods are here
7. Isibane siphezulu — The light is above
8. Omakhelwane bakhona — The neighbours are here
9. Amanzi alapho — The water is there
10. Isikole silaphaya — The school is over there

UMSEBENZI 7

1.	Phansi **ko**muthi	Under the tree
2.	Phezu **kwe**khabethe	Above the cupboard
3.	Phambi **kwe**ndlu	In front of the house
4.	Eceleni **ko**mfula	At the side of the river
5.	Emuva **ko**mnyango	Behind the door
6.	Phakathi **kwa**bantu	Amongst the people
7.	Phambi **ko**msebenzi	Before work
8.	Emuva **kwe**sikhathi	After time (late)
9.	Phambi **ko**kuhamba	Before going/leaving
10.	Emuva **ko**kudla	After eating

UMSEBENZI 8

i)
1.	kuhle	10.	kuduma
2.	kumnandi	11.	kuyashisa
3.	kupholile		kakhulu
4.	kuyashisa	ii)	
5.	kuyana	1.	kuyavunguza
6.	kubi	2.	kuyabanda
7.	kuyabanda	3.	kupholile
8.	kuyavunguza	4.	kuyashisa
9.	kuyakhiza		

UMSEBENZI 9

1. Uhlala eGoli
2. Ubhalela uNomhle,umngane wakhe
3. Yena, u**se**Thekwini
4. Lihle, kuyashisa
5. Libi, kuyabanda
6. Uthi ufunda isiZulu
7. Cha, ufunda ebusuku kuphela
8. Cha, kunzima
9. Yebo, ngifunda isiZulu
10. Yebo, ngiyakwazi ... kancane

UMSEBENZI 10
Game
1. soccer
2. rugby
3. cricket
4. tennis
5. hockey
6. golf
7. squash
8. running
9. swimming
10. boxing

UMSEBENZI 11

1. Uthanda ukudlala igalofu?
2. Ukugijima kumnandi
3. Amantombazane nabafana badlala ihokhi
4. Sibukela iragbhi nebhola (lezinyawo) ngempelasonto
5. Abafana badlala ikhilikithi emabaleni esikoleni
6. Kumnandi ukubhukuda uma kuyashisa
7. Umuntu udlala isikhwashi phandle
8. Sidlala ithenisi ngoMgqibelo
9. Babukela isibhakela
10. Iphi ibala? Aphi amabala?

CHAPTER 9

UMSEBENZI 1
1. Cha, angihambi
2. Cha, angidli
3. Cha, angifundi
4. Cha, asisebenzi
5. Cha, asibhali

UMSEBENZI 2
1.	**Angi**boni muntu	I do not see a person
2.	**Asi**funi tiye	I do not want tea
3.	**Angi**khulumi siJalimane	I do not speak German
4.	**Angi**funi bisi	I do not want milk
5.	**Asi**dli nyama	We do not eat meat
6.	**Angi**gqoki jazi	I do not wear a jersey
7.	**Asi**thandi zinyoka	We do not like snakes
8.	**Asi**phumi kusihlwa	We do not go out in the evening
9.	**Awu**sebenzi	You (sng) are not working
10.	**Ani**laleli	You (pl) are not listening

UMSEBENZI 3
1. **Aka**sebenzi
2. **Aka**hambi
3. **Aka**gijimi
4. **Aba**dli
5. **Aba**laleli

UMSEBENZI 4
1. Cha, akasebenzi ngoMgqibelo.
2. Cha, naye akasebenzi.
3. Cha, abasebenzi ngoMgqibelo.
4. Cha, akafuni.
5. Uyavilapha.
6. Baya ezitolo.
7. Cha, akanamali
8. Cha, abahlangani eposini. Bahlangana esiteshini
9. Ngo 10.
10. Mina, ngigeza imoto yami ngoMgqibelo

UMSEBENZI 5
1. Cha, **angi**sebenzi
2. Cha, **asi**qondi
3. Cha, **aka**guli
4. Cha, **aba**guli
5. Cha, **aka**vilaphi
6. Cha, **aba**vilaphi
7. Cha, **aba**celi ugwayi
8. Cha, **aka**celi usikilidi
9. Cha, **angi**bhemi
10. Cha, **asi**bhemi

UMSEBENZI 6
1. **Angi**funi sinkwa
2. **Angi**funi ukuhamba
3. **Angi**sebenzi edolobheni
4. Ubaba **aka**sebenzi ngempelasonto
5. Abantwana **aba**yi esikoleni namhlanje
6. UThemba **aka**thandi ukusebenza
7. Abafundi **aba**thandi ukufunda
8. Abantu **aba**bhemi kakhulu namhlanje
9. UThandi **aka**hlali ekhaya, uhlala eflatini
10. USipho **aka**celi ukuhamba, uyahamba nje

UMSEBENZI 7
1. The wind is not blowing today.
2. Trees do not grow in winter.
3. The horse is not running.
4. The men are not working today.
5. The train is not going (leaving) today.
6. The young girl does not want to go (leave).
7. The dogs do not sleep inside.
8. The phone is not ringing.
9. Winter is not finished
10. The food is not hot.

UMSEBENZI 8
i) aka - awu - ayi - awa -
ii) weak   vowel
iii) strong   consonant
iv) a
v) i

UMSEBENZI 9
1. **Ang**azi impendulo — I do not know an answer
2. UThandi **ak**enzi itiye namhlanje — Thandi is not making tea today
3. OMhlaba **ab**akhi indlu — The Mhlabas are not building a house
4. Intombazane **ay**esabi ubumnyama — The young girl is not afraid of the dark
5. Abazali **ab**azi yonke into — Parents do not know everything

UMSEBENZI 10
1. Cha, abekho
2. Cha, ayikho
3. Cha, ayikho
4. Cha, awukho
5. Cha, ayikho
6. Cha, akekho
7. Cha, abekho
8. Cha, ayikho
9. Cha, awekho
10. Cha, azikho

UMSEBENZI 11
1. Cha, angi**na**khanda
2. Cha, angi**na**bantwana
3. Cha, asi**na**nkinga
4. Cha, asi**na**zinja
5. Cha, aka**na**msebenzi
6. Cha, ayi**na**zinkomo
7. Cha, aba**na**zinto zokudlala
8. Cha, awa**na**gwayi
9. Cha, azi**na**mali
10. Cha, aka**na**foni

UMSEBENZI 12
1. Angiqondi/Angezwa
2. UThemba akavilaphi
3. Intombazane ayigqoki ijezi
4. Abantu abafuni ukusebenza
5. Angazi
6. Abantwana abesabi izinja
7. Akubandi namhlanje
8. Alukho ubisi efrijini
9. Umama nobaba abekho
10. Asinamali

UMSEBENZI 13
1. Angi**sa**sebenzi kwaShell
2. Angi**ka**boni nto/muntu
3. UThemba a**ka**kaqedi
4. Ilanga ali**ka**phumi
5. Aku**sa**nethi/Aku**sa**ni

UMSEBENZI 14
1. U**se**sibhedlela
2. Ukhuluma nodokotela
3. Cha, akanakhanda
4. Cha, akakhwehleli
5. Unendlebe
6. Cha, igazi alikho endlebeni
7. Isiguli sithola umuthi kudokotela
8. Cha, uya emsebenzini
9. Ku**se**buhlungu
10. Cha, anginandlebe

UMSEBENZI 15
i) consonant .... k
ii) verb link ... consonant
iii) m ... verb link
   w .. u ... a
   y .. i

UMSEBENZI 16
1. Yebo, ngiya**m**bona — Yes, I see **her**
2. Yebo, ngiya**ba**bona — Yes, I see **them**
3. Yebo, ngiya**wu**funa — Yes, I want **it**
4. Yebo, ngiya**wa**funa — Yes, I want **them**
5. Yebo, ngiya**yi**dla — Yes, I eat **it**
6. Yebo, ngiya**wa**dla — Yes, I eat **them**
7. Yebo, ngiya**lu**phuza — Yes, I drink **it**
8. Yebo, ngiya**si**khuluma — Yes, I speak **it**
9. Yebo, ngiya**ku**thanda — Yes, I love/like **you** (sg)
10. Yebo, ngiya**ni**funa — Yes, I want **you** (pl)

UMSEBENZI 17
1. Ngisiza umama. Ngiya**m**siza.
2. Sisiza abangane. Siya**ba**siza.
3. Ngifunda isiZulu. Ngiya**si**funda.
4. Umfazi ugeza izimpahla. Uya**zi**geza.
5. Indoda ifuna umsebenzi. Iya**wu**funa.
6. Umntwana uphuza ubisi. Uya**lu**phuza.
7. Abantwana baphuza amanzi. Baya**wa**phuza.
8. Umama uphuza itiye. Uya**li**phuza.
9. Ubaba uthenga iphephandaba. Uya**li**thenga.
10. UNomusa uthanda uThemba. Uya**m**thanda.

UMSEBENZI 18
1. Nginga**ku**siza?
2. Nginga**ni**siza?
3. Ngiyajabula uku**kw**azi
4. Ufunda isiZulu? Yebo, ngiya**si**funda
5. Siya**yi**thenga indlu
6. Ngithanda uku**li**funda (iphephandaba) ekuseni
7. U**li**gcinaphi ibhothela?
8. Angi**wu**thandi umoya.
9. Umntwana uya**m**esaba udokotela
10. Uyakwazi uku**yi**shayela imoto?
11. Ngicela u**ngi**nike inombolo yakho!
12. Musa uku**li**vala (ifasitela)

UMSEBENZI 19
1. I see **myself** in the mirror.
2. Do you work for **yourself**?
3. UMziwakhe works for **himself**.
4. The children are hiding **(themselves)**.
5. Do not worry **(yourself)**!

UMSEBENZI 20
1. Uzizwa ngcono.
2. Yebo, ngithanda ukusifunda.
3. Cha, akasafundi siZulu.
4. Akasitholi sikhathi.
5. Yebo, uyamazi.
6. UnguMnu. Khumalo.
7. Ucela ukubona incwadi kaKaren.
8. Ufuna uthengela umngane wakhe,uBrian, incwadi.
9. Umuntu uyithenga kwaCNA.
10. Cha, akanawashi/akanayo.
    Cha, anginawashi/anginalo.
    Yebo, nginewashi/nginalo.

UMSEBENZI 21
UNomhle noKaren bayakhuluma ngesiZulu. UKaren uya**si**funda. UMolly, yena, akasafundi. Akasitholi sikhathi. UMnu. Khumalo uya**ba**fundisa. UNomhle uya**m**azi, ngoba ngumngane kababa. Uya**m**khumbula. UKaren uthi uba**fundisa kahle.

UNomhle ucela uku**yi**bona incwadi. Umuntu u**yi**thola kwaCNA. YiR30 kuphela. Ishibile. UNomhle ufuna uku**yi**thengela umngane wakhe uBrian. Naye uzama uku**si**funda isiZulu. UKaren uthi aka**sa**zi isikhathi ngoba aka**na**washi. Nokho, uNomhle uyahamba. Uthi: "**M**bingelele uMnu. Khumalo."

CHAPTER 10

UMSEBENZI 1
1. **Ng**umntwana
2. **Ng**obaba
3. **Ng**abantwana
4. **Ng**odokotela
5. **Ng**ukudla
6. **Ng**abangane
7. **Ng**ubusika
8. **Ng**abafana
9. **Ng**umZulu
10. **Ng**amaZulu

UMSEBENZI 2
1. **Y**imoto
2. **Y**inyoka
3. **Y**intombazane
4. **Y**izifanekiso
5. **Y**imithetho
6. **Y**indoda
7. **Y**inkosikazi
8. **Y**ingozi
9. **Y**imifula
10. **Y**izibhamu

UMSEBENZI 3
1. **Ng**umfundi	It is a student
2. **Ng**abafundi	They are students
3. **Y**iqiniso	It is the truth
4. **Y**ithuba	It is an opportunity/chance
5. **Ng**uNomusa	It is Nomusa
6. **Ng**omama	It is mother and Co
7. **Ng**ubisi	It is milk
8. **Ng**umona	It is mother
9. **Ng**amafutha	It is fat
10. **Y**isifo	It is jealousy

UMSEBENZI 4
1. **Ng**uZola
2. **Ng**oZola
3. **Y**inja
4. **Y**izinja
5. **Ng**umntwana
6. **Ng**abantwana
7. **Y**isipho
8. **Y**izipho
9. **Y**icici
10. **Ng**amacici

UMSEBENZI 5
1. **L**izulu nje!
2. **Y**imvula nje!
3. **Ng**umoya nje!
4. **Ng**ukushisa nje!
5. **Ng**ukubanda/**Ng**amakhaza nje!
6. **Ng**umsebenzi nje!
7. **Ng**abantwana nje!
8. **Ng**ubusika nje!
9. **Ng**ubudala nje!
10. **Y**impilo nje!

UMSEBENZI 6
1. UThemba **y**indoda.	Themba **is** a man.
2. UNothemba **ng**umfazi	Nothemba **is** a woman.
3. Umfana **ng**uSipho.	The boy **is** Sipho.
4. Intombazane **ng**uNomusa.	The girl **is** Nomusa.
5. Abantwana **ng**abafana.	The children **are** boys.
6. Indoda **y**iphoyisa.	The man **is** a policeman.
7. Imoto **y**iToyota.	The car **is** a Toyota.
8. Indoda **ng**uthisha.	The man **is** a teacher.
9. Ubaba **ng**unoposi.	Father **is** a postman.
10. Umakhelwane **ng**udokotela.	The neighbour **is** a doctor.
11. Indaba **y**iqiniso.	The story/matter/news **is** true.

UMSEBENZI 7
1. Umngane **w**akho	your friend
2. Abangane **b**akho	your friends
3. Igama **l**akho	your name
4. Isibongo **s**akho	your surname
5. Izinto **z**akho	your things

UMSEBENZI 8
1. Umzimba **wami**
2. Ikhanda **yami**
3. Iliso **lami**
4. Amehlo **ami**
5. Izinwele **zami**
6. Ubuso **bakho**
7. Isifuba **sakho**
8. Iminwe **yakho**
9. Umlenze **wakho**
10. Unyawo **lwakho**

UMSEBENZI 9
1. **Ng**umngane wami — It is my friend
2. **Nga**bangane bami — They are my friends
3. **Ng**umyeni wami — It is my husband
4. **Y**inkosikazi yami — It is my wife
5. **Ng**umntwana wami — It is my child
6. **Nga**bantwana bami — They are my friends
7. **Y**indodana yami — It is my daughter
8. **Y**intombi yami — It is my girlfriend
9. **Ng**amawele ami — They are my twins
10. **Ng**abazukulu bami — They are my grandchildren

UMSEBENZI 10
1. Iphi imali yami? — Nansi!
2. Uphi usikilidi wami? — Nawu!
3. Uphi ukhiye wami? — Nawu!
4. Ziphi izikhiye zami? — Nazi!
5. Uphi umntwana wami? — Nangu!
6. Baphi abantwana bakho? — Nampa!
7. Liphi ikhaya lakho? — Nanti!
8. Liphi/iphi ipeni lakho/yakho? — Nali/nansi!
9. Uphi umsebenzi wakho? — Nanku!
10. Aphi amathikithi akho? — Nanka!

UMSEBENZI 11
1. **S**onke siyajabula. — We are **all** happy.
2. **B**onke abantu bayajabula. — **All** the people are happy.
3. **Y**onke into ilapha. — **Everything** is here.
4. Izimpahla **z**onke zingcolile. — **All** the clothes are dirty.
5. Amadoda onke ayasebenza. — **All** the men are working.
6. Ngisebenza imini **y**onke namhlanje. — I am working **all** day/the **whole** day today
7. **W**onke umuntu uthanda ububele/umusa. — **Every** person likes kindness.
8. UThami usebenza **z**onke izinsuku. — Thami works **every** day.
9. Izikole **z**onke zivala kusasa. — **All** the schools close tomorrow.
10. Izinja zikhonkotha ubusuku **b**onke. — The dogs bark **all** night/the **whole** night.

UMSEBENZI 12
As for me, I **am** Themba Mchunu. I **am** a shopkeeper. I am married. We live in Soweto, in Johannesburg. We have children. **They are** three. **They are** boys and a girl. They are still studying at school. My parents are old. As for them, they live in Pietermaritzburg.

Themba takes out photographs.

Here is **my wife**, Noluthando. As for her, **she is** a teacher. Here are **my children.** This **is** Vusumuzi, this **is** Mandla, this **is** Mantombi. Here are **my parents**, here is (my) mother, here is (my) father. Here is the **cat**, here are the **dogs**. As for us, we are all happy here at home.

UMSEBENZI 13
1. I am well.
2. Everything is fine.
3. The wind is cool.
4. The man is fat now.
5. The boy is thin.
6. The bread is finished.
7. Are you (pl) hungry?
8. Education is very important.
9. Are you married?
10. The shirt is clean.
11. The washing is dry.
12. We are all happy.
13. The child is tired.
14. The dog is thirsty.
15. I am full.
16. The people are sitting on the grass.
17. The children are sleeping.
18. Fana is right.
19. It is cool in the shade.
20. It is important to know (it) Zulu.

UMSEBENZI 14
1. Ngiyakhuluphala
2. Uyonda
3. Ushukela luyaphela
4. Abantu bayalamba.
5. Uyakhathala?

UMSEBENZI 15
1. ibhasi
2. uLizo
3. abantwana
4. kusasa
5. uL.T.A
6. inkosikazi
7. eGoli
8. ubudokotela
9. amapolisa
10. emanzini

UMSEBENZI 16

1. Themba wants to sell his car.
2. Raise (your) hand if you agree.
3. It is difficult to raise children.
4. The sun is hot today.
5. Do you use a pencil or a pen?
6. Show me your work!
7. Boil the water!
8. We feed the cats and the dog in the evening.
9. Mr Khumalo teaches Zulu.
10. My father promises me a car if I succeed.

UMSEBENZI 17

1. Usually we see each other on Sunday at church.
2. The workers greet each other in the morning.
3. Themba and Nomusa know each other.
4. My children love one another.
5. It is important to help each other.

UMSEBENZI 18

1. usebenz**ela**   Brother works **for** Mr Mqadi
2. basiz**ana**   Friends help **one another**
3. ukhomb**isa**   Father **shows** the traveller the way
4. bayathand**ana**   The young woman and the young boy like **each other**
5. babuy**ela**   The children return **to** school tomorrow
6. ilind**ela**   **For** whom is the man waiting?
7. ubil**isa**   Mother **boils** water
8. ubhal**ela**   Mary writes a letter **to** (her) parents
9. utheng**isa**   Mr Mbiza **sells** cars
10. itheng**ela**   The women buys gifts **for** the children

UMSEBENZI 19

1. Bahlangana ehhovisi likaMnu. Taylor
2. Wenza isicelo somsebenzi
3. Ungunobhala
4. Ufuna ukubuza imibuzo
5. Cha, akasebenzi
6. Yebo, unabantwana bathathu
7. Yebo, uyakwazi
8. Bakhokhela uR2500-00 ngenyanga
9. Yebo, uya**wu**thola umsebenzi
10. Ungena **ngo**-8 ekuseni

NOUNS

Noun Classes	Singular and Plural
1 & 2	um-/umu- & aba-/abe
1a & 2a	u- & o-
3 & 4	um-/umu- & imi-
5 & 6	i-/ili- & ama-
7 & 8	isi- & izi-
9 & 10	i(n) (m)- & izi (n) (m)-
11 & 10	u(lu)- & izi-; izin-; izim-
14	ubu-
15	uku-

A

accident	ingozi (izi-)
account	i-akhawunti (ama-)
aeroplane	ibhanoyi (ama-)/indiza (izi-)
Afrikaans	isiBhunu
age	ubudala
answer	impendulo (izin-)
application	isicelo (izi-)
arm	ingalo (izi-)
autumn	ukwindla

B

baboon	imfene (izin-)
baby	ingane (izin-)
ball	ibhola (ama-)
bank	ibhange (ama-)
battery	ibhethri (ama-)
beauty	ubuhle
bed	umbhede (imi-)
beer	ubhiya (o-)/utshwala
belongings	impahla (izi-)
belt	ibhande (ama-)
bicycle	ibhayisikili (ama-)
bird	inyoni (izi-)
blackness	ubumnyama
blood	igazi
body	umzimba (imi-)
bonnet	ibhonethi (ama-)
book	incwadi (izi-)/ibhuku (ama-)
boy	umfana (aba-)
bread	isinkwa (izi-)
brick	isitini (izi-)
brother	ubhuti (o-)/umfowethu (aba-)
bus	ibhasi (ama-)
butter	ibhotela (ama-)
buttock/s	isinqe (izi-)

C

cake	ikhekhe (ama-)
car	imoto (izi-)
card	ikhadi (ama-)
cash	ukheshe (o-)
cat	ikati (ama-)

cattle (pl)	izinkomo
cattle kraal	isibaya (izi-)
chair	isihlalo (izi-)/isitulo (izi-)
chance	ithuba (ama-)
character	isimilo (izi-)
chemist	ikhemisi (ama-)
cheque	isheke (ama-)
chest	isifuba (izi-)
chief/lord	inkosi (amakhosi)
child	umntwana (aba-)
childhood	ubuntwana
Christmas	uKhisimusi (o-)
church	isonto (ama-)
cigarette	usikilidi (o-)
city	idolobha (ama-)
clan name	isithakazelo (izi-)
clothes	ingubo (izi-)
cloud	ilifu (ama-)
coffee	ikhofi (ama-)
cold (the)	ukubanda
(a)	umkhuhlane (imi-)
colour	umbala (imi-)
community	umphakathi (imi-)
computer	ikhompyutha (ama-)
conversation	ingxoxo (izin-)
cow/bull/ox	inkomo (izin-)
cupboard	ikhabethe (ama-)

D

danger	ingozi (izi-)
darling	isithandwa (izi-)
daughter	indodakazi (ama-)
day	imini/usuku (izin-)
day/date	usuku/umuhla (imi-)/ (um-)hla
day (24 hr)	usuku
death	ukufa
disease	isifo (izi-)
dish	isitsha (izi-)
diviner	inyanga (izi-)
doctor	udokotela (o-)
dog	inja (izi-)
door/doorway	umnyango (imi-)
dress	ingubo (izi-)
duck	idada (ama-)
dust	uthuli (izin-)

E

ear	indlebe (izin-)
earring	icici (ama-)
Easter	iPhasika/i-Ista (ama-)
education	imfundo
egg	iqanda (ama-)
elephant	indlovu (izin-)
English	isiNgisi
examination	isivivinyo (izi-)
example	isibonelo (izi-)
exercise	umsebenzi (imi-)
eye	i(li)hlo/i(li)so (amehlo)

F

face	**ubu**so
family	**um**ndeni (imi-)
farm	**i**pulazi (ama-)
fat/oil	**ama**futha
father	**u**baba (o-)
father (his/her)	**u**yise (o-)
fever	**i**mfiva
field (sports)	**i**shashalazi/**i**bala (ama-)
finger	**um**unwe (imi-)
fire	**um**lilo (imi-)
fish	**i**nhlanzi (izin-)
flat	**i**fulethi (ama-)
floor	**i**phansi
food	**uku**dla
foot	**u**nyawo (izi-)
forest	**i**hlathi (ama-)
fork	**i**mfologo (izin-)
freedom	**i**nkululeko
fridge	**isi**qandisi/**i**friji (izi-) (ama-)
friend	**um**ngane (aba-)
friendship	**ubu**ngane
frog	**i**sele (ama-)

G

game	**um**dlalo (imi-)
garage	**i**garaji (ama-)
gentleman	**um**numzana (aba-)
german	**isi**Jalimane
gift	**isi**pho (izi-)
girl (little)	**i**ntombazane
	amantombazane
God	**u**Nkulunkulu (o-)
grandchild	**um**zukulu (aba-)
grandfather	**u**babamkhulu (o-)
grandmother	**u**gogo (o-)/**u**khulu (o-)
grass	**u**tshani
greeting	**isi**bingelelo (izi-)
gun	**isi**bhamu (izi-)

H

habit	**i**njwayelo/**um**khuba (imi-)
hair (animal)	**u**boya (izi-)
hair (human)	**u**nwele (izi-)
hand	**is**andla
hat	**isi**gqoko (izi-)
head	**i**khanda (ama-)
health	**i**mpilo
heat	**uku**shisa
help	**u**sizo
herbalist	**i**nyanga (izi-)
holiday	**i**holide (ama-)
home	**i**khaya (ama-)
homestead	**umu**zi (imi-)
honey	**u**ju
hope	**i**themba (ama-)
horn	**u**phondo (izin-)
horse	**i**hhashi (ama-)
hospital	**isi**bhedlela (izi-)
hour	**i**hora (ama-)
house	**i**ndlu (izi-)

humanity	**ubu**ntu
humility	**i**ntobeko
husband	**um**yeni (aba-)
hymn	**i**hubo (ama-)

J

jacket	**i**jakhethi/**i**bhantshi (ama-)
jealousy	**u**mona
jersey	**i**jezi (ama-)
joy	**i**njabulo

K

kettle	**i**ketela/**i**gedlela (ama-)
key	**u**khiye (izi-)/**isi**khiye (izi-)
kindness	**u**musa
kitchen	**i**khishi (ama-)
knee	**i**dolo (ama-)
knife	**um**mese limi-)

L

Ladder	**i**ladi (ama-)/**isi**tebhisi (izi-)
lady	**i**nkosikazi
	amakhosikazi
land/soil	**um**hlabathi
language	**u**limi (izin-)
law	**um**thetho (imi-)
leg	**um**lenze (imi-)
lesson	**isi**fundo (izi-)
letter	**i**ncwadi (izi-)
life	**i**mpilo (izin-)
light	**isi**bane (zi-)
liquor	**u**tshwala
love	**u**thando
luck/fortune	**i**nhlanhla (izi-)

M

man	**i**ndoda (ama-)
matter/affair	**i**ndaba (izi-)
meat	**i**nyama (izi-)
medicine	**umu**thi (imi-)
medicine	**ubu**dokotela
message	**um**yalezo (imi-)
milk	**u**bisi
minister	**um**fundisi (aba-)
mirror	**isi**buko (izi-)
misfortune	**i(li)**shwa (ama-)
miss	**i**nkosazana
	amakhosazana
money	**i**mali (izi-)
month/moon	**i**nyanga (izi-)
mother (his/her)	**u**nina (o-)
motorbike	**isi**thuthuthu (izi-)
mountain	**i**ntaba (izi-)
mouse	**i**gundane (ama-)
mouth	**um**lomo (imi-)
Mr.	**u**Mnumzane (aba-)
Mrs	**u**Nkosikazi (o-)
mud	**u**daka
music	**um**culo

N

name	**i**gama (ama-)
neck	**i**ntamo (izi-)
neighbour	**u**makhelwane (o-)
New year	**uN**yaka omusha/uNcibijane
news (pl)	**iz**indaba
newspaper	**i**phephandaba (ama-)
night	**ubu**suku
nose	**i**khala (ama-)
number	**i**nombolo (izi-)

O

office	**i**hhovisi (ama-)
oil	**u**-oyela
opinion	**um**bono (imi-)
opportunity	**i**thuba (ama-)

P

page	**i**khasi (ama-)
paper	**i**phepha (ama-)
parent	**um**zali (aba-)
parenthood	**ubu**zali
peace	**u**xolo
pen	**i**peni (ama-)
pencil	**i**pensele (ama-)
person	**umu**ntu (aba-)
petrol	**u**phethroli
photograph	**isi**thombe (izi-)/**i**fotho (ama-)
picture	**um**fanekiso (imi-)/ **isi**thombe (izi-)
pill	**i**philisi (ama-)
pipe	**i**nqawe/**i**pipi (ama-)/ **i**gudu (ama-)
pity	**u**sizi
place	**i**ndawo (izi-)
player	**um**dlali (aba-)
poem	**i**nkondlo (izi-)
poet (oral)	**i**mbongi (izin-)
policeman	**i**phoyisa (ama-)
porridge	**i**phalishi (ama-)
post/p.office	**i**posi (ama-)
power/strength	**ama**ndla
prayer	**um**thandazo (imi-)
present	**isi**pho (izi-)
prison/jail	**i**jele (ama-)
problem	**i**nkinga (izi-)
province	**isi**fundazwe (izi-)
pump	**i**phampu (ama-)

Q

question	**um**buzo (imi-)

R

radio	**i**rediyo (ama-) **um**sakazo (imi-)
rain	**i**mvula (izi-)
raincoat	**i**jazi lemvula (ama-)
reference	**i**referense (ama-)
request	**isi**celo (izi-)
river	**um**fula (imi-)
road/way	**i**ndlela (izi-)/**um**gwaqo (imi-)

room	**i**kamelo (ama-)
rubbish	**izi**bi/**u**doti (o-)

S

school	**isi**kole (izi-)
sea	**u**lwandle (izi-)
secretary	**u**nobhala (o-)
shade	**um**thunzi
ship	**um**khumbi (imi-)
shirt	**i**hembe/**i**yembe (ama-)
shoe	**isi**cathulo (izi-)
shop	**isi**tolo (izi-)
shoulder	**i**hlombe (ama-)
sister	**u**sisi (o-)/**u**dade (o-)
skirt	**isi**keti (izi-)
snake	**i**nyoka (izi-)
soap	**i**nsipho (izi-)
sock	**i**sokisi (ama-)
son	**i**ndodana (ama-)
song	**i**culo (ama-)
Sotho	**isi**Suthu
sour milk	**ama**si
South Africa	**i**Ningizimu Afrika
speaker	**isi**khulumi (izi-)
speech	**i**nkulumo (izin-)
spoon	**isi**puni (izin-)/**u**khezo (izin-)
spring	**i**ntwasahlobo
squash	**isi**kwashi (izi-)
stamp	**isi**tembu (izi-)
station	**isi**teshi (izi-)
stick	**u**(**lu**)thi (sng)/ **izin**ti (pl) **i**nduku (izi-)
stomach	**isi**su (izi-)
stone	**i**(**li**)tshe (ama-)
street	**isi**taladi (izi-) **um**gwaqo (imi-)
student	**um**fundi (aba-)
sugar	**u**shukela (o-)
summer	**i**hlobo
sun	**i**langa (ama-)
surname	**isi**bongo (izi-)
sweet	**u**swidi (ama-)
sympathy	**u**(**lu**)zwelo

T

table	**i**tafula (ama-)
tank	**i**thangi (ama-)
taxi	**i**thekisi (ama-)
tea	**i**tiye (ama-)
teacher	**u**thisha/**u**thishela (o-)
teacher (female)	**u**thishelakazi (o-)
telephone	**u**cingo (izin-)/**i**foni (ama-)
television set	**u**mabonakude (o-)/ **i**thelevishini (ama-)
thanks	**u**kubonga
thief	**i**sela (ama-)
thing	**i**nto (izin-)
ticket	**i**thikithi (ama-)
tie	**u**thayi (o-) **u**ntanjana (o-)
time	**isi**khathi (izi-)

tobacco	ugwayi (o-)
toe	uzwani (izin-)
tongue	ulimi (izin-)
tooth	izinyo (ama-)
torch	ithoshi (ama-)
town	idolobha (ama-)
toy	into yokudlala (izinto zokudlala)
train	isitimela (izi-)
traveller	isihambi (izi-)/ umhambi (aba-)
tree	isihlahla (izi-)/umuthi (imi-)
trousers (pair)	ibhulukwe (ama-)
truth	iqiniso
twin	iwele (ama-)

U

uncle (maternal)	umalume (o-)
university	iyunivesithi (ama-)

V

vocabulary	amagama

W

wall	udonga (izi-)
washing	iwashingi
watch	iwashi (ama-)
water	amanzi
weather	izulu/isimo sezulu
wedding	umshado (imi-)
week	isonto/iviki (ama-)
weekend	impelasonto (izi-)
wheel	isondo (ama-)
wife	inkosikazi/amakhosikazi
wind/air	umoya (imimoya)
window	ifasitela (ama-)
winter	ubusika
woman	inkosikazi (amakhosikazi)
woman, young	intombi (izin-)
wool	uboya/iwuli
word	igama (ama-)
work	umsebenzi (imi-)
worker	umsebenzi (aba-)

X

Xhosa language	isiXhosa
Xhosa person	umXhosa

Y

year	u(m)nyaka (imi-)
young man	insizwa (izi-)
youth	ulusha

Z

Zulu language	isiZulu
Zulu person	umZulu (ama-)

Although the following words are all **verbs** in Zulu, some are **adjectives** in English, e.g: cool, fat, thin, happy, tired.

A

add	-ongeza
afraid	-esaba
agree	-vuma
alive (be)	-phila
answer	-phendula
arrest	-bopha
arrive	-fika
ask (a question)	-buza
ask for/request	-cela
asleep (be)	-lele

B

bark	-khonkotha
be/become	-ba
begin	-qala
beware of	-qaphela
bite	-luma
bless	-busisa
blow	-vunguza
boil	-bila
boil something	-bilisa
borrow	-boleka
bring	-letha
bring up/rear	-khulisa
build	-akha
burn/be on fire	-sha
burn/set on fire	-shisa
busy (become)	-ba matasatasa
busy (be)	-ba matasatasa
buy	-thenga

C

call	-biza
carry/bear	-thwala
catch	-bamba
change	-shintsha
chat	-xoxa
check	-sheka/-bheka
choose	-khetha
clean (become)	-hlanza
clean (be)	-hlanzekile
close	-vala
cold (be) things	-banda
cold (be) people	-godola
come	-za
come from	-vela
come in	-ngena
complain	-khala
congratulate	-halalisela
cook	-pheka
cool (become)	-phola
cool (be)	-pholile

cough	-khwehlela
count	-bala
cry	-khala
cut	-sika

D

dance (modern)	-dansa
dance (traditional – male)	-gida
(traditional – female)	-sina
disappear/sink	-shona
discuss	-xoxisana
do	-enza
drink	-phuza
drive	-shayela
drizzle (to)	-khiza
dry (become)	-oma
dry (be)	-omile

E

eat	-dla

F

fat (become)	-khuluphala
fat (be)	-khuluphele
fear	-esaba
feed	-dlisa
feel	-zwa
fight	-lwa
fill	-gcwalisa
finish/end/complete	-qeda
finish (come to an end)	-phela
finished (be)	-phelile
forget	-khohlwa
'full' (become) of food	-sutha
'full' (be)	-suthi

G

get dressed	-gqoka
get on	-khwela
get up/stand up	-phakama
get/receive	-thola
give	-nika/-pha
glad (be)	-jabula
go/walk/travel	-hamba
go to	-ya
go home	-goduka
go in	-ngena
go out	-phuma
good (become)	-lunga
good (be)	-lungile
greet	-bingelela
grow	-khula
grow something	-khulisa

H

happy (become)	-jabula
happy (be)	-jabulile
hear	-zwa
help	-siza
hide	-fihla
hold	-bamba

hungry (become)	-lamba
hungry (be)	-lambile
hurry (become hurried)	-jaha/shesha
hurry (be in a)	-jahile-sheshile
hurry (be quick)	-sheshisa
hurry up (do quickly)	-sheshisa

I

important (become)	-baluleka
important (be)	-balulekile

J

Joyful (be)	-jabula

K

keep	-gcina
knock	-ngqongqoza
know	-azi

L

laugh (at)	-hleka
lazy (be)	-vilapha
learn	-funda
leave behind	-shiya
lend	-boleka
lie/fib	-qamba amanga
lie down	-lala
lift/raise	-phakamisa
like/love	-thanda
listen	-lalela
live/stay	-hlala
look (at)	-bheka
look after	-bheka/-gcina
look for	-funa
loosen/undress	-khumula

M

make	-enza
make a noise	-banga umsindo
make known	-azisa
marry (get married)	-shada
marry (be married)	-shadile
meet with	-hlangana + na-
move house	-thutha

N

need	-dinga

O

open	-vula

P

paint	-penda
pay	-khokha
pay attention	-lalelisisa
phone	-fona
play	-dlala
post	-posa
pour	-thela
prefer	-khetha
pull	-donsa

pump	-mpompa	**T**	
put on	-beka	take	-thatha
put out/extinguish	-cima	take out	-khipha
		talk	-khuluma
Q		teach	-fundisa
quiet (be)	-thula	tell	-tshela
		thin (become)	-onda
R		thin (be)	-ondile
rain	-na/-netha	thirsty (become)	-oma
read	-funda	thirsty (be)	-omile
receive	-thola	tired (become)	-khathala
rejoice	-jabula	tired (be)	-khathele
remember	-khumbula	throw away	-lahla/-chitha
remind	-khumbuza	thunder	-duma
repair/mend	-lungisa	translate	-humusha
repeat	-phinda	translate into	-humushela
rest	-phumula	truthful/right (be)	-qinisile
return from	-buya	try/strive	-zama
return to	-buyela		
ride	-gibela	**U**	
right (become)	-lunga	understand	-zwa/-qonda
right (be)	-lungile	use	-sebenzisa
roast	-osa		
run	-gijima	**V**	
		visit	-vakashela
S			
say	-thi	**W**	
scarce (become)	-ba yingcosane	wait (for)	-linda/-lindela
scarce (be)	-ba yingcosane	wake up	-vuka
scream	-klabalasa	wake someone	-vusa
seated (be)	-hleli	want	-funa
see	-bona	wash	-geza/-washa/
sell	-thengisa		-hlamba
sew	-thunga	watch (admire)	-buka/-bukela
show	-bonisa/	wear	-gqoka
	khombisa	well (be/become)	-phila
sick (be)	-gula	well (be in good health)	-philile
similiar to (be)	-fana + na-	well (be in good condition)	-lungile
sing	-cula	welcome/receive	-amkela
sit	-hlala	welcome (be)	-amkelekile
sleep	-lala	wipe	-sula
slow (be)	-nwabuzela	withdraw	-khipha
smoke	-bhema	work	-sebenza
speak/talk	-khuluma	worry/annoy	-khathaza
speak the truth	-khuluma iqiniso	write	-bhala
spread	-gcoba	write to	-bhalela
start	-qala		
stay/remain	-sala		
stay/live	-hlala		
stop/stand	-ma		
study/learn	-funda		
sweep	-shayela		
swim	-bhukuda		
switch off	-cima		

GENERAL

Some English words which one would expect to find under **general,** are in fact (**stative**) **verbs** in Zulu and are thus included under verbs, e.g. cool, fat, thin, happy, tired.

A

above	(nga) phezulu
addition in	ngokwengeza
after	emuva kwa-
after that	emuva kwalokho
afterwards	ngemuva
afternoon (in the)	ntambama
again	futhi
all	-onke
all right	kulungile
amongst	phakathi kwa-
at (the place of)	kwa-

B

bad	-bi (adjective)
beautiful	-hle (adjective)
because	ngoba
before	ngaphambili
	phambi kwa-
behind	ngasemuva
	emuva kwa-
below	ngaphansi
	phansi kwa-
better	ngcono
black	-mnyama
blue	-ubhuluwu
both (people)	bobabili
brown	-nsundu
but	kodwa
by means of	nga-
by the way	konje
by yourself	ngokwakho
bye-bye	bhabhayi

C

can	-nga-
cheap	-shibile
certainly	ngokuqinisekileyo

D

dark	-mnyama
day (in the)	emini
day (the whole)	ilanga lonke
difficult	-nzima
dirty	-ngcolile
down	phansi

E

easy	-lula
etc; etc	njalo njalo
evening (in the)	kusihlwa
every	-onke
everyday	amalanga wonke
everything	yonke into/zonke izinto
expensive	dula/biza

F

fast	ngamandla
firstly	kuqala
fortunately	ngenhlanhla
front (in)	ngaphambili

G

gee!	Hhawu!
gosh!	awu!
good!	Ehhe!
green	-luhlaza
grey	-mpunga

H

heavy	-nzima
here	lapha
holy	-ngcwele
hot	-shisa
how	-njani
how many	-ngaki (adjective)
how much (money)	-malini
hullo (sg/pl)	sawubona/sanibonani
immediately	masinyane
inside	(nga) phakathi

J

just	nje

K

knock! knock!	ngqo! ngqo!

L

late	leyithi
later	ngemuva
light (in weight)	-lula
like that	kanjalo
like this	kanje
little a	kancane
lot a	kakhulu
luckily	ngenhlanhla

M

many	-ningi (adjective)
may	-nga-
morning in the	ekuseni
must	kufuneka ...e

N

nevertheless	nokho
next to	eceleni kwa-
nice	-mnandi
nicely	kamnandi
night (in the)	ebusuku
no	cha
nothing	lutho
now	manje

O

old	-dala
once (one time)	kanye
one day	ngelinye ilanga

only	kuphela	**U**	
or	noma	ugly	-bi (adjective)
outside	(nga)phandle	under	phansi kwa-
over there	laphaya	unfortunately	ngeshwa/ngelishwa
		usually	ngokuvamileyo

P

painful	-buhlungu
perhaps	mhlawumbe
pleasant	-mnandi
pleasantly	kamnandi
please	ake
pregnant	-khulelwa
present (be)	khona

V

very	kakhulu
very much	kakhulu

Q

quickly	ngokushesha

W

well	kahle
well done!	sebenzile!
wet	-manzi
what	-ni
when	nini
when	-phi
when/if	uma (conjunction)
whereas	kanti
white	-mhlophe
who/whom	bani
whole	-onke
why	yini, kungani

R

red	-bomvu

S

sad	-lusizi/-dabuka
side on the	eceleni
side on the of	eceleni kwa-
soon	masinyane
sore	-buhlungu
sorry (apology)	uxolo
still	-sa- (verb)
	-se- (non-verb)
strongly	ngamandla

Y

yellow	-liphuzi
yes	yebo
yesterday	izolo

T

thank you/thanks	ngiyabonga
that	ukuthi (conjunction)
then/and so	-ke
there	lapho
there is/are	kukhona
three times	kathathu
today	namhlanje
tomorrow	kusasa
top on	phezulu
top on ...of	phezu kwa-
twice	kabili

FOR VOCABULARY ON:

i) **occupations** see page 58
ii) **interesting words** see page 60
iii) **months** of the year and **days** of the week see page 72
iv) **sports** see pages 114 & 115
v) **place names** see pages 164 & 165

BIBLIOGRAPHY

C.L. Nyembezi, *Zulu Proverbs*, (Wits University Press), 1954.

C.L. Nyembezi, *Learn Zulu*, (Shuter & Shooter), 1957.

C.M. Doke, D. McMalcolm, J.M.A. Sikakana, *Zulu/English, English/Zulu dictionary*, (Wits University Press), 1977.